대화형 컴퓨팅

AI문고

인공지능 시대입니다. 기계가 인간의 인지를 대신하고, 사물이 인간을 통하지 않고 다른 사물과 직접 커뮤니케이션합니다. 이에 따른 인간 삶과 문명 변화를 정확히 이해·예측·대응하는 것은 이 시대 우리 모두의 과제입니다. AI문고는 인공지능 기술과 환경의 여러 주제를 10가지 키워드로 정리합니다. 관련 개념과 이론, 학계와 산업계의 쟁점, 우리 일상의 변화를 다룹니다. 인간과 기술의 현재, 미래를 세심히 분석합니다.

일러두기

- 인명, 작품명, 저서명, 개념어 등은 한글과 함께 괄호 안에 해당 국가의 원어를 병기했습니다.
- 외래어 표기는 현행 어문규정의 외래어표기법을 따랐습니다. 다만 '딥러닝', '딥마인드', '딥페이크' 등은 관행을 따랐습니다.

처음이세요?

전문가세요?

대화형 컴퓨팅

이중식

대한민국, 서울, 커뮤니케이션북스, 2024

대화형 컴퓨팅

지은이 이중식
펴낸이 박영률

초판 1쇄 펴낸날 2024년 11월 13일

커뮤니케이션북스(주)
출판 등록 2007년 8월 17일 제313-2007-000166호
02880 서울시 성북구 성북로 5-11
전화(02) 7474 001, 팩스(02) 736 5047
commbooks@commbooks.com
www.commbooks.com

ISBN 979-11-7307-110-2 03500

책값은 뒤표지에 표시되어 있습니다.

차례

대화, 인공지능 시대의 상호 작용

'컴퓨터와 대화'한다. 생뚱맞은 이야기처럼 들릴 수 있으나 이미 오늘의 현실이 되었다. 뉴스를 쏟아내는 챗지피티(ChatGPT)와 같은 첨단의 인공지능들은 대화창을 통해 사람과 소통한다. 더는 아이콘을 클릭하거나 명령어를 입력하지 않는다. 만약 컴퓨터와 대화하는 장면이 낯선 기분이라면 이는 우리가 오래된 인터페이스들(예를 들면 GUI)에 너무 익숙해져 버렸기 때문이다. 하지만 시간은 빠르게 흐르고 기술 역시 따라잡기 어렵게 멀리 도망가고 있다. 이미 대세는 인공지능이고 인공지능과의 상호 작용은 대화가 기본이다.

대화형 컴퓨팅을 설명하기 위해 아래 그림을 그려 보았다. 시간이 흐름에 따라 인터페이스가 발전하는 정도를 나타내 보았다. 컴퓨터 발전은 늘 인터페이스의 발전과 함께였다. 초기의 컴퓨터는 텍스트를 입력하는 텍스트 기반 인터페이스(text base interface, TI)를 사용했다. 명령어를 하나하나 입력하고 결괏값은 숫자와 글자의 나열로 제시되었다. 1984년을 전후해 그래픽 유저 인

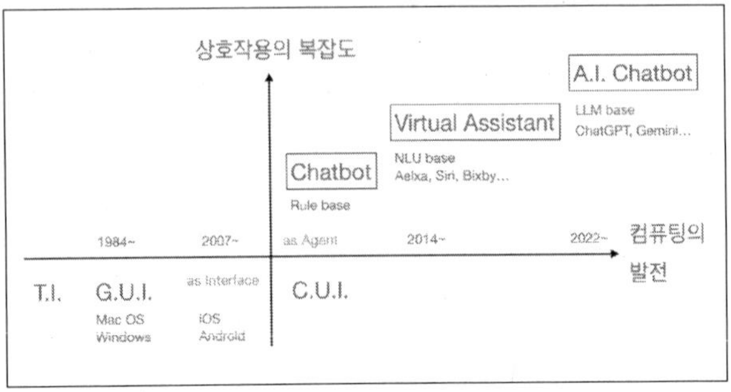

그림 0-1. 인터페이스와 에이전트의 발전. 저자 그림.

터페이스(graphic user interface, GUI)가 상용화되었다. 윈도, 아이콘, 메뉴와 포인터로 구성된 GUI는 새로 등장한 마우스와 찰떡궁합이었다. 아이콘들을 클릭하고 드래그하다 보면 목적한 일이 끝났다. 2007년 스마트폰이 나오면서 GUI는 또 한 번 진보한다. 터치스크린은 입력창이며 동시에 출력창이기에 아이콘을 직접 만지는 느낌이다.

GUI로 세상이 평정되었나 싶을 때 챗봇이 나오기 시작했다. 챗봇은 메신저 창에 질문을 입력하면 답을 주거나 원하는 기능을 수행해 주었다. 명령어를 입력하거나 아이콘을 클릭하는 대신 챗봇은 인간의 언어, 즉 자연어로 말하면 되는 대화형 인터페이스(conversational user interface, CUI)다. 대화형은 단순히 인간의 언어를 기계의 명령으로 바꾸는 번역기가 아니다. 질문 속에서 인간의 의도를 파악하고 인간의 대화 상대가 되어 같이 문제를 해결해 주는 동반자, 즉 에이전트로 역할이 바뀐 것이다. 그래서 CUI를 만든다는 건 에이전트의 모양, 성격, 그리고 수행성을 빚어내는 일이 된다. 초기에 출시된 챗봇은 성능에 한계가 있었다. 하지만 2014년을 전후로 자연어 이해(NLU) 기술이 눈부시게 성장했고 시리(Siri)나 빅스비(Bixby) 같은 음성 비서가 출시되었다. 스마트 스피커들도 속속 등장했다. 최근에는 대형 언어 모델을 기반으로 한 AI 챗봇(Chatbot)이 출시되었다. 대화 능력에서 인간과 별반 차이 없고 제시되는 답은 개인의 지성을 압도한다.

정리하자면 인공지능의 발전으로 우리는 새로운 상호작용의 시대에 들어섰다. 과거의 인터페이스의 역할을 이제 에이전트가 한다. 에이전트는 대화로 통제되며 인간의 역할을 대리하거나 기계의 결과를 전달하는 역할을 한다. 따라서 에이전트를 어떻게 만드는가에 따라 미래 컴퓨팅을 경험하는 방법이 바뀌게 된다. 사용자가 인공지능에 대한 통제력을 가질 수도 있고 아닐 수도 있다.

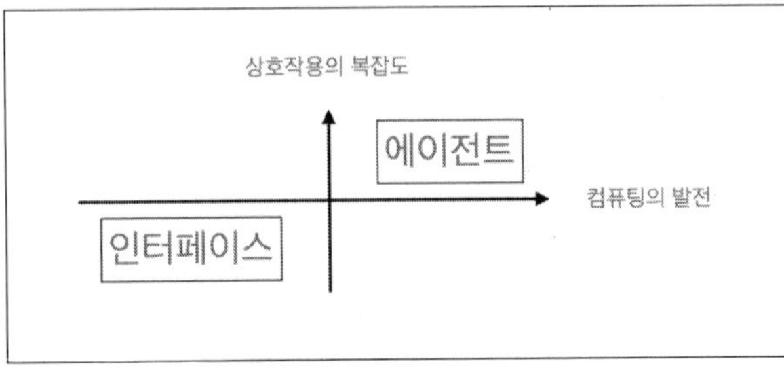

그림 0-2. 인터페이스에서 에이전트로. 저자 그림.

이 책을 읽는 독자들이 인공지능 모델을 직접 개발하진 않겠지만, 언어 모델을 활용하는 서비스를 만들 가능성은 크다. 마치 스마트폰이 나오고 수많은 앱들을 개발한 것처럼. 그런 의미에서 대화에 대한 이해, 대화형 컴퓨팅의 이해가 필요하다. 말하는 사람도, 듣는 기계도 대화형 인터페이스의 디자인 성공 여부에 따라 훌륭한 대화를 할 수도 못 할 수도 있다.

책의 구성

이 책은 인공지능 챗봇 또는 보이스 에이전트를 만들려는 기획자를 위해 쓰였다. 하드코어 개발자보다는 사용자 관점의 서비스를 기획하려는 대학원생, 연구자, 혹은 기업의 기획팀이 적당한 독자다. 테크니컬한 부분보다는 기술이 가지는 사회 문화적 의미, 그 의미가 서비스 기획에 필요한 이유를 설명한다. 따라서 책의 구성은 대화형 컴퓨팅으로의 전환(turn)이 가져올 몇 가지 근본적 질문들로 구성된다. 몇 가지 질문은 다음과 같다. 1) 대화형 컴퓨팅 이전의 상호 작용에는 어떤 문제가 있었는가? 2) 컴퓨터를 대화로 조작하면 실수가 빈번하지 않을까? 3) 입출력 방식이 대화형으로 바뀌면 컴퓨터는 더 좋아지는가? 4) 챗봇과 보이스 어시스턴트는 어떻게 다른가? 5) 대화형 컴퓨팅의 기술적 기반은 무엇인가? 6) 대화형을 만드는 방법은 어떤가? 7) 대화형과 잘 대화하는 법이 따로 있는가? 8) 대화형이 가져올 미래는 어떤 모습인가? 이 질문들에 대한 답들이 책의 구성이다.

책을 쓸 용기

이 책은 서울대학교 사용자경험연구실이 지난 8년간 진행해 온 대화형 인터페이스 프로젝트들의 경험을 바탕으로 하고 있다. 2016년은 알파고(AlphaGo)와 이세돌이 세기의 바둑 대결을 벌였던 해다. 그 즈음에 글로벌 IT 기업들은 자신들이 개발한 인공지능 툴키트를 일반에 공개하고 있었으며, 이 중에는 자연어 이해 도구도 있었다. 개발자와 기업들은 이 툴키트를 활용해 다양한 대화형 서비스를 만들게 되었다. 그리고 7년이 지난 2022년에는 오픈에이아이(OpenAI)가 챗지피티를 선보였고 대화형이 인터랙션의 중심이 되었다. 사용자경험연구실은 각 기술 단계별로 사용자의 요구를 조사해 대화형 서비스를 기획했다. 사례의 나열은 각 시기별로 어떤 사회적 요청이 있었고 서비스 구축을 위한 핵심 문제는 무엇이었으며, 채택된 솔루션이 어떤 서비스를 형성했는지를 설명한다.

프로젝트 1: 티맵(Tmap)에 NUGU 탑재(SK텔레콤, 2017)

Problem: 티맵은 SK텔레콤의 차량용 내비게이션이다. 2016년 SK텔레콤은 인공지능 스피커 NUGU를 출시했고 사업의 연장선상에서 티맵에 NUGU의 에이전트 아리아(Aria)를 탑재하려 했다. 하지만 티맵은 화면 조작형이다. 운전자들은 주행 중에 지도를 흘깃 보며 큼직한 아이콘을 조작하는 데 익숙해져 있다. 보이스 인터랙션은 문화적으로도 낯설지만 조작이 혼란스러우면 사고의 위험까지 있다.

Solution: 사용자경험연구실은 주행 시뮬레이션 환경을 만들었다. 피실험자에게 다양한 운전 상황을 제시했고

'이때 인공지능에게 하고 싶은 말'들을 모았다. 이 발화들을 정리해 페르소나, 시나리오, 대답 내용을 구체화했다. 그리고 화면 하단의 NUGU 진입 아이콘 위치와 크기, NUGU 대화 시 팝업 크기와 화면 표시 내용을 정했다.

프로젝트 2: 오븐에 보이스 인터랙션 탑재(삼성전자, 2018)

Problem: 가전제품 조작부 디자인은 늘 어려운 문제였다. 오븐은 켜고 끄고 온도 설정하는 몇 개의 스위치만 달아도 잘 작동되지만 더 섬세한 기능을 제공하기 위해서는 버튼들이 늘어난다. 하지만 사용자들은 가전제품을 컴퓨터처럼 쓰지 않는다. 매뉴얼을 꼼꼼히 읽거나 작동 방법을 세세히 기억하지 않는다. 젖은 손으로 익숙한 버튼 몇 개를 누르고는 곧바로 다른 일을 한다. 음성 인식으로 늘어난 기능들을 직관적으로 조작할 수 있을까?

Solution: 사용자경험연구실은 역시 '발화 수집'에서 문제 해결을 시작했다. 오븐 옆에 아마존의 인공지능 스피커 'Echo'를 설치했다. 오븐 스위치들을 천으로 가리고 누르기 전에 '하고 싶은 것'을 먼저 말하게 했다. 모인 발화들은 정리해 오븐 사용에 어떤 이용 동기가 있는지, 어떤 상황인지, 어떤 결과를 원하는지를 정리했다. 이를 통해 기계가 기기 조작, 요리 도메인, 키친 도메인의 세

영역에 대한 답을 해야 함을 알았다. 이를 위해 필요한 지식 기반(knowledge base)를 형성하고 대화 디자인과 페르소나를 형성했다. 중요한 점은 보이스와 오븐이 결합해 '조금 더 나은(better) 오븐이 아니라 상당히 다른(different) 오븐'이 되었다는 결과다.

프로젝트 3: 인공지능 스피커로 문화 서비스(한국콘텐츠진흥원, 2019)

Problem: 인공지능 스피커와의 대화로 사람들이 문화 소비를 진작할 수 있을까? 단순히 음악 듣기, 스포츠 경기 결과, 동영상 틀기 말고, 공연장이나 전시장을 가게 하고 고급문화의 소비를 촉발할 수 있을까?

Solution: 인공지능 스피커는 대화의 효율을 위해 '추천'을 활용한다. 추천이 이뤄지도록 개인의 문화 취향을 잡담(chitchat)을 통해 분석했고, 문화 이벤트의 성분을 메타데이터를 마이닝해 파악했다. 적절한 추천의 결과는 '디지털 휴먼'을 통해 제시되었다. 바이올리니스트 대니 구(Danny Koo)의 음성을 스타일 트랜스퍼해 음악과 이벤트를 소개했다.

프로젝트 4: 1인 가구를 위한 스피커 그리드(2020)

Problem: 1인 가구가 증가한다. 셰어 하우스는 1인 가구를 위한 주거 솔루션이지만 사람들은 공용 공간보다 개인실에서 시간을 많이 보낸다. 이들의 관계를 인공지능 스피커로 매개할 수 있을까?

Solution: 개인실에 인공지능 스피커를 배포하고 말로 하는 지식in을 만들었다. 스피커에 삶의 팁을 질문하면 다른 주민이 답해 놓은 결과를 들을 수 있다. 대부분의 질문은 인터넷 검색으로도 답을 얻을 수 있지만, 지역 · 상황 · 입주민의 경험에 특화된 지식(micro local ingenuine knowledge)은 상관성이 높아 개인들에게 큰 도움이 된다. 질문 못지않게 답하는 사람도 많다는 게 긍정적이다.

프로젝트 5: 말로 하는 은행 뱅키(타란유엑스, 2021)

Problem: 은행 업무는 꼭 화면으로 해야 하나? 마이데이터 사업으로 흩어진 개인의 금융 활동을 모아 볼 수 있게 되었는데 이를 신박하게 활용할 수 있는 방법은 없을까?

Solution: 말로 하는 뱅킹, '뱅키'를 만들었다. "내가 배달을 몇 번이나 시켰나?", "이번 달 전기료는 정말 많이 나온 건가?"와 같은 질문에 답을 찾으려면 많은 화면들을 들춰 봐야 한다. 하지만 말로 물으면 인공지능이 쉽게 답을 얻을 수 있다. '조카 생일에 용돈을 얼마 줘야 하나?' 습관적으로 5만 원 또는 10만 원 단위로 줄 필요가 없다. 나와 조카의 친밀도, 용돈 주는 주기 등을 분석하면 용돈은 '6만2300원'일 수 있다. 이렇게 약간 틀려도 되거나 데이터를 기반으로 했을 때 더 좋은 상호 작용일 수도 있다.

프로젝트 6: 말로 쓰는 일기(자체 프로젝트, 2023)

Problem: 일기 쓰기(journaling)는 바쁜 현대인들이 하루를 회고하는 중요한 활동이다. 하지만 일기 쓰기를 습관화하기는 어렵다. 일기 쓰기를 돕는 서비스가 나오고 특히 음성 서비스들이 출시되고 있지만 킬러는 없다. 하루의 회고를 유도하는 좋은 대화 방법이 아직 없다.

Solution: 챗지피티를 사용해 사용자 발화에 대해 '행동 및 사건' 또는 '기분 및 생각'에 관한 질문을 생성한다. 그리고 '행동'인 경우 행동의 디테일을, '기분'인 경우 기분의 디테일을 물어 회고를 돕는다. 각 질문에 대한 긍·부정 피드백을 수집해 사용자가 행동 중심으로 회고하는 것을 선호하는지 기분 중심을 선호하는지를 파악해 반응의 경향성을 조정한다.

01
대화형 이전의 인터페이스

대화형 이전의 컴퓨팅은 명령어를 직접 입력하거나 아이콘을 클릭하는 방식이었다. 이 방식도 나쁘진 않지만 기계를 이해해야 했고 인간의 생각을 기계의 언어나 작동 방식으로 번역해 입력하는 방식이었다. 사람의 생각을 기계에 맞추다 보니 그 과정에서 원래의 요구는 축소되고 수행 단계마다 인지적 어려움을 겪게 된다. 본 장에서는 대화형 이전의 컴퓨팅이 가졌던 세 가지 근본적 어려움을 짚어 보려 한다. 인버트 모형, 객체와 순서, 그리고 위계를 이용한 자료 정리다.

AI와 1인 창업?

인버트 모형

인버트 모형(invert system model)이란 사람들 머릿속에 만들어진 기계 사용 번역기다. 전자레인지를 예로 들어 보자. 새로 전자레인지를 사면 사용자는 조작부의 여러 스위치를 하나씩 눌러 보며 기계의 동작을 살핀다. 그리고 스위치와 동작 간의 상관관계를 머릿속에 누적해 하나의 기계에 대한 이미지를 구축한다. 시간 조정은 30초 단위로 늘릴 수 있구나, 강도는 강/중/약 3단계로 되어 있구나, 급할 땐 정지 버튼을 누르면 멈추는구나…. 이렇게 만들어진 기계에 대한 심상(mental model)을 인버트 모형이라 한다. 이제는 기계를 사용할 차례다. 사용자 앞에 식은 밥이 한 사발 있다면 인버트 모형은 밥을 덥히기 위해 30초 버튼을 몇 번, 강/중/약 중 어떤 버튼을 누를지를 번역해 낸다. 만약 밥 덥히는 데 45초가 필요하다 판단했다면, 인버트 모형은 30초를 두 번 누르고 15초 남았을 때 정지 버튼을 누르는 게 좋다고 번역할 것이다. 인버트 모형을 만들기 어려워하는 사람을 우리는 기계치라 부른다. 기계치는 원하는 결과(desired output)를 기계가 이해하는 입력값(input)으로 번역해 내는 데 어려움을 겪는다. 하지만 지금은 우리 모두가 기계치가 되어 가고 있다. 하루에 대면할 기계들도 많아졌고 기계

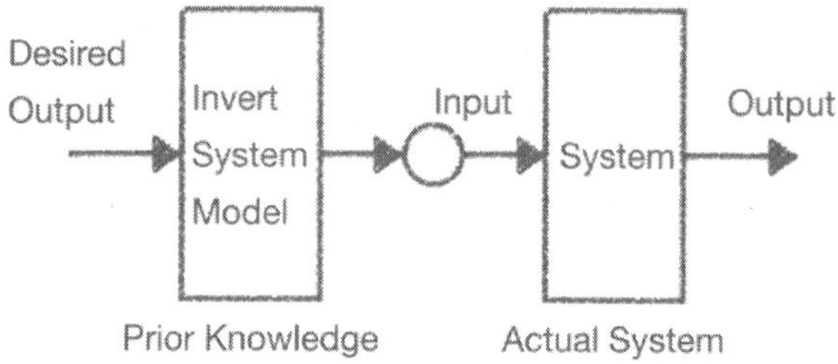

그림 1-1. 인버트 시스템 모형. Devasia.

들은 조금씩 스스로 업그레이드 되고 있으며 인공지능이 탑재된 기계는 인버트 모형 만들기가 어렵다. 대화형 인터페이스는 이런 문제를 해결해 줄 수 있다. 우리가 말로 목적하는 바를 제시하면 자연어 처리(NLP)가 기계 인풋값으로 번역해 주기 때문이다. 인버트 모형 만들기와 수행하기를 인공지능이 대신해 주는 셈이다.

명령과 순서

컴퓨터를 쓴다는 건 우리가 하고 싶은 것을 명령과 명령의 순서로 분해하는 것을 말한다. 동료의 생일을 축하하기 위해 사무실 벽에 '축 생일'이란 배너를 프린트하려 한다. A4 용지에 '축'이라는 글자를 가득 채우려면 우리는 어떻게 해야 하는가?

1. 바탕화면에서 워드프로세서 앱을 열고,
2. 키보드에서 'ㅊ + ㅜ + ㄱ'을 하나씩 입력한 뒤,
3. 입력한 '축'을 마우스로 클릭하고 드래그해 선택,
4. 크기를 한 포인트씩 키워 페이지에 채운다.
5. '프린트' 버튼을 누르면 열리는 창에서 수많은 옵션을 살핀 뒤 확인 버튼을 누른다.

생략된 단계도 있지만 단순해 보이는 작업 하나에 꽤나 많은 명령이 등장하고 명령들의 순서 역시 중요하다. 하지만 위의 작업을 초등학생도 쉽게 하는 것은 그래픽 유저 인터페이스(GUI) 덕분이다. GUI는 직관적이기에 아이콘들을 놀이하듯 클릭/드래그하다 보면 원하는 작업이 끝나게 된다. 또한 GUI 랭귀지는 서로 다른 어플리케이션 간에도 동일해 학습 전이(learning transfrer)가 용이하다. 하지만 쉬운 GUI 사용 이면에는 수많은 인지적 절차가 숨겨져 있다. 우리는 의도를 끊임없이 명령과 순서로 해체하는 '선처리(pre-process)'를 하고 있는 것이다. 선처리는 인간의 목표를 기계 입력값으로 인간이 먼저 바꾸는 작업을 말한다. 선처리는 인지적 노고

(cognitive effort)가 드는 피곤한 작업이다. 때로는 실수도 생기고 목적하는 바를 잊기도 한다.

만약 사람이 컴퓨터 없이 직접 A4 용지 가득히 '축'자를 쓴다면 어떻게 할까? 종이와 굵은 펜을 꺼낸 뒤 처음부터 큰 글자를 써 내려갈 것이다. 컴퓨터에서처럼 기본 크기의 글자를 타이핑하고 조금씩 키워 가지는 않을 것이다. 만약 말로 컴퓨터에 시킨다면 어떻게 명령할까? "A4지에 '축'자 가득 채워 줘"라고 할 것이다. 이렇게 보면 대화형 컴퓨팅이 훨씬 인간의 작업과 비슷해 보인다.

위계 속에 숨은 정보

수많은 정보를 정리하는 익숙한 방법은 위계(hierarchy)다. 우리는 책들을 정리할 때 비슷한 책들끼리 모아 놓고, PC의 파일들도 폴더에 나누어 정리한다. 폴더는 또 비슷한 폴더끼리 모여 상위 폴더를 형성한다. 인류의 지식 정리 방법 중 가장 널리 쓰이는 것이 위계다. 도서관의 수많은 책들도 10개의 분류에 따라 나뉘어 정리된다. 컴퓨터의 명령어들도 비슷한 것들끼리 모아 '메뉴'로 정리된다. 메뉴를 누르면 하위 명령들이 펼쳐진다. 웹도 위계의 지옥이다. 제한된 화면에 많은 정보를 담아내기 위해 홈페이지에는 큰 섹션의 제목들만 보인다. 여기서 섹션을 누르면 한 뎁스 내려가 두 번째 뎁스의 내용들이 보인다. 요즘 유행하는 음식점 키오스크도 수많은 메뉴(여기서는 정말 음식 메뉴)를 위계로 정리해 보여 준다. 첫 화면에는 메뉴군만 보이고 위계를 오르내리며 음식을 고르게 된다. 위계는 많은 정보를 담아낼 수 있다는 장점도 많지만 많은 것들이 감추어져 있다는 단점이 있다. 결정적으로 각 위계는 그 위계가 갖는 고유한 정리 방식이 있고 사용자가 이를 배워야 한다는 어려움이 있다.

노인들이 음식점 키오스크 사용을 어려워하는 이유는 여러 가지가 있겠지만 그중 하나는 집집마다 다른 위계를 이해해야 한다는 점이다. 물론 식당들은 어느 정도 보편적인 위계를 사용하고 있지만 식당마다 메뉴가 다르고 프로모션도 다르기에 위계는 조금씩 다를 수밖에 없다. 그래서 하나의 정보 시스템에 익숙해진다는 것은 그 시스템의 정보 위계를 익힌다는 것과 같은 말이 된다. 위계는 잘 만들기도 어렵고 사용자에게 빨리 전달하기도 어렵다. 더구나 정보가 끊임없이 늘어 가는 상황에선 위계가 제 역할을 하기 어렵다. 온라인 쇼핑이나 마트의 웹사이트에서 검색이 메뉴보다 많이 쓰이는 이유는 내가 찾는 상품이 메뉴의 어느 칸에 들어 있는지 짐작하기 어렵기 때문이다. 그래서 차라리 검색을 하고 연관 상품을 타고 접근해 가는 것이 빠르다.

대화형은 위계의 문제를 어느 정도 해결할 수 있다. 그동안 우리가 카운터에 다가가 점원에게 말로 주문했던 것과 비슷하다. 딱히 전체 위계를 뒤져 볼 필요 없이 목적한 바를 말하면 됐다. 주문은 물론 그 식당의 메뉴 체계를 어느 정도 이해해야 하지만 가끔 "햄버거 하나로는 부족한데 뭘 곁들이면 좋을까요?" 같은 질문도 할 수 있었다.

이와 같이 우리가 컴퓨터를 쓴다는 것은 컴퓨터의 말과 체계를 이해한다는 전제에서 가능하다. 어려서부터 컴퓨터를 배우고 많은 시행착오를 겪어 온 결과가 지금의 능숙함이고 컴퓨팅 리터러시다. 하지만 다음 세대도 이런 노고를 들일까? 인공지능이 발달하면 그들은 키보드와 모니터를 바이패스하고 자연어로 물어보고 답을 얻는 컴퓨팅을 할 것이기 때문이다.

참고문헌

산토시 데바시아 인버전 기반 피드포워드 이론 Santosh Devasia, Inversion-based Feedforward Theory

02
일상의 컴퓨팅

사람들은 컴퓨터를 어렵고 정교한 작업에 필요한 도구라고 생각한다. 하지만 피시(PC)나 스마트폰의 하루 사용 이력을 보면 민망하게도 대부분이 사소한 작업들이다. 뉴스나 동영상을 보고 친구와 SNS로 소통하며, 쇼핑이나 게임의 용도에 컴퓨터를 사용한다. 거꾸로 생각해 보면 현대인의 일상은 모든 순간 컴퓨팅의 도움을 받게 되어 버렸다. 일상의 컴퓨팅, 사소하고 가벼운 컴퓨팅에는 화면보다 대화형 상호 작용이 더 잘 어울린다.

AI와 MBTI?

정보 가전

캐주얼 컴퓨팅에 대한 고민은 오래된 고민이다. 초기 컴퓨터 발명자들도 우리가 컴퓨터를 심각한 작업에만 쓰지 않을 것이라 생각했다. 삶의 모든 순간에 도움이 되기 위해 컴퓨터는 생활 공간에 퍼져 있고 생산적인 작업 못지않게 소비적인 용도로도 많이 쓰이며, 정확하기보다는 틀리더라도 즉각적인 컴퓨팅이 필요하다고 생각했다. 이런 부류의 컴퓨팅을 일상의 컴퓨팅(everyday computing) 또는 캐주얼 컴퓨팅(casual computing)이라 부른다. 이에 대한 첫 논의는 '정보 가전(information appliance)'에서 시작된다. 1979년경 애플의 매킨토시 프로젝트를 이끌었던 제프 라스킨(Jef Raskin)은 '정보 가전'이라는 용어를 만들었다. 그는 정보 기술의 사용성과 접근성을 개선하기 위해 컴퓨터를 가전제품처럼 쉽고 직관적으로 만들려 했다. 복잡한 명령이나 사용 방법을 배우지 않고도 필요한 기능을 수행할 수 있게 만드는 게 목표였다. 그는 자신의 책 『보이지 않는 컴퓨터(invisible computer)』에서 정보 가전의 특징을 다음과 같이 정리했다.

단순성과 전문성

장치는 단일 용도(토스트를 만들기 위해 설계된 토스터

와 같이)를 위해 설계되고 작동되어야 한다.

직관적인 사용자 인터페이스

사용자가 복잡한 학습 과정 없이도 쉽게 사용할 수 있고 자연스럽게 상호 작용할 수 있어야 한다.

고도의 통합성

독립적으로 작동할 수 있지만, 필요에 따라 다른 기기들과 서로 통합해 더 큰 시스템의 일부로 작동할 수 있어야 한다.

비가시성

사람들의 삶을 방해하지 않기 위해 쉽게 눈에 띄기보다 한 발 물러나(withdraw) 있어야 한다.

접근성과 휴대성

사용자가 언제 어디서나 쉽게 접근하고 사용할 수 있어야 하기에 모바일이거나 소형화된 장치여야 한다.

경제성

넓은 사용자층이 손쉽게 접근할 수 있도록 저렴해야 한다.

제프 라스킨의 정보 가전 개념은 사용자 경험을 최우선으로 고려하며, 기술의 복잡성을 최소화하고 사용 편리성을 극대화하는 데 목적을 두었다. 현대 기술 제품 개발 중에 이런 영향을 받은 제품도 많다. 아마존의 '에코(echo)' 인공지능 스피커는 처음 개발 목표가 '주변적인 컴퓨팅(ambient computing)'이었다. 이는 '정보 가전'과 비슷한 개념으로, 배울 필요도 업그레이드도 필요 없는 쉬운 컴퓨터를 말한다.

환경 컴퓨팅

컴퓨터는 책상 위의 하얀 오브제일 필요가 없다고 생각한 사람이 있다. 제록스 파크의 최고기술책임자(CTO)였던 마크 와이저(Mark Weiser)는 1990년경에 유비쿼터스 컴퓨팅(ubiquitous computing) 개념을 주창했다. 유비쿼터스 컴퓨팅은 컴퓨터 기술이 우리의 일상생활 곳곳에 내재되어, 사용자가 기술의 존재를 의식하지 않고 자연스럽게 사용할 수 있는 환경으로의 컴퓨팅을 말한다. 와이저의 주요 아이디어와 철학은 다음과 같다.

기술의 투명성(transparency)

유비쿼터스 컴퓨팅의 핵심은 기술이 '보이지 않는다'이

다. 이는 기술이 도드라져 사용자의 일상 활동에 방해가 되지 않고, 오히려 자연스럽게 도움을 주어야 한다는 의미다.

환경 통합(integration into the environment)

기술은 사용자가 거주하고 일하는 환경에 완벽하게 통합되어야 한다. 이는 사무실, 집, 대중교통 등 사용자의 환경 어디에서나 접근 가능해야 한다.

컨텍스트 인식(context awareness)

유비쿼터스 시스템은 사용자의 현재 상황과 맥락을 인식하고, 그에 따라 적절한 정보나 기능을 제공할 수 있어야 한다. 예를 들어, 스마트 홈 시스템이 주인의 도착 시간을 예측해 집 안의 온도를 조절하는 것과 같다.

편리성과 효율성의 증가

기술이 일상에 완전히 통합되면, 사용자는 더 많은 작업을 더 효율적으로 수행할 수 있다. 이는 일상생활의 복잡성을 줄이고, 생산성과 삶의 질을 향상시키는 결과로 이어질 수 있어야 한다.

다중 장치의 연동(pervasive usage of multiple devices)
유비쿼터스 컴퓨팅 환경에서는 다양한 장치들이 서로 통신하고 협력하여 작동한다. 이는 스마트폰, 태블릿, 웨어러블 기기 등 다양한 형태의 기술도 포함한다.

와이저의 유비쿼터스 컴퓨팅 철학은 기술이 어떻게 사람들의 일상생활에 자연스럽게 녹아들 수 있는지에 대한 비전을 제공했다. 유사한 개념으로 '스며드는 컴퓨팅(pervasive computing)'이 있는데, 핵심은 유사하지만 몇 가지 개념은 보족처럼 유비쿼터스 개념을 확장한다.

끊임없는 접근성(constant accessibility)
사용자는 위치나 시간에 상관없이 기술에 접근할 수 있어야 하며, 이는 기술이 일상생활에 깊숙이 통합되어 있음을 의미한다.

지능형 소프트웨어(intelligent software)
범용 컴퓨팅 환경에서는 인공 지능과 머신 러닝 기술을 활용하여 사용자의 필요를 예측하고 적절한 서비스를 제공하는 소프트웨어가 필수적이다.

보안과 개인 정보 보호(security and privacy)
기술이 생활 곳곳에 퍼지면서 개인 정보 보호와 데이터 보안이 중요해진다. 사용자의 데이터를 안전하게 관리하고 개인의 사생활을 보호하는 것이 필수적이다.

안타깝게도 와이저의 꿈은 기술이 받쳐주지 못해 실험으로 끝났다. 하지만 2000년대 사물 인터넷(internet of things, IoT) 기술의 발전으로 그 꿈이 보편화되고 있다. 2000년대 초반에 다양하고 실험적인 사물 인터넷 제품이 출시되었다. 실내 온도를 측정하거나 스마트 전구를 원격으로 켜고 끌 수 있었다. 그 후 다양한 가전제품에 사물 인터넷 기능이 탑재되어 가전제품이 '스마트'해졌다. IT 기업들은 스마트 홈 앱을 출시하고 다양한 주변 기기의 호환성을 높였다. 이후 스마트 스피커가 거실 가운데에 놓여 사물 인터넷 기기를 통제했다. 사물 인터넷은 생활 환경 외에도 산업, 의료 교통 등 많은 분야에서 활용되고 있다.

주변적 상호 작용

스위치나 화면 없이 기계 작동이 가능할까? 엠비언트 유엑스(ambient user experience)는 주변적 감각(peripheral sense)으로 정보 기기와 소통하는 걸 말한다. 모니터를 주시하지 않더라도 기기의 작동 상황을 파악할 수 있고, 스위치를 만지지 않고서도 기기를 켜고 끌 수 있는 걸 말한다. 예를 들면 다용도실에서 돌아가는 세탁기는 그 소리만으로 거실에 있는 우리에게 세탁이 탈수 사이클에 들어갔는지 알게 한다. 거실의 공기청정기 램프가 청색에서 갑자기 붉은색으로 바뀌면 우리는 부엌을 살펴보고 요리 연기가 잘 빠져나가도록 창을 열 것이다. 엠비언트 유엑스는 이렇게 환경에 녹아든 장비들과의 인터랙션에 사용된다. 생활에서 발생하는 심각하지 않는 태스크들을 자연스런 따라 하기(affordance)로 끝낼 수 있다. 앰비언트 유엑스는 사물 인터넷 등 공간에 퍼져 있는 기기를 조작하고 통제하는 데 적당한 방법이다. 엠비언트 유엑스를 구성하는 몇 가지 요소를 짚어 보자면 다음과 같다.

매끄러운 기술-환경 통합

기술이 환경에 스며듦에 턱이나 이물감이 없어야 한다. 공간에 별도의 상호 작용 구역을 만들기보다 모든 공간이 잔잔하게 인터랙션하도록 만든다.

컨텍스트 인식 및 적응성

엠비언트 유엑스는 사용자의 현재 위치, 활동, 심지어 감정 상태까지 인식해 맞춤형 서비스를 제공한다. 예를 들어, 집에 들어설 때 누구인지를 파악하고 그에 맞는 조명, 온도, 배경 음악 등의 웰컴 무드를 만들어 낸다.

예측 및 선제적 서비스

엠비언트 유엑스는 직접 조작이 아니라 사용자의 과거 행동과 선호를 학습해, 필요한 서비스를 예측하고 미리 제시해 사용자의 행동을 유도한다. 예를 들어, 화장지나 소모품 부족을 예측하고 사용자가 마트에 갈 때 넌지시 구매를 제시해 본다.

방해 금지 및 집중도 증가

엠비언트 유엑스는 불필요한 정보나 알림을 줄여 사용자에게 집중해야 할 중요한 정보만을 제공한다. 정보 과부하를 방지하고 생활의 만족감을 높인다.

보안 및 개인 정보 보호

스마트 환경에서는 허락된 개인을 인증하고 필요한 개인 정보를 공유하는 게 중요하다. 하지만 매번 보안 질문을 받는 건 곤란하다. 보안과 사용성을 적절히 조정해 문턱도 없지만 개인을 보호하는 방안을 모색한다.

03
대화형의 가능성과 한계

대화형 컴퓨팅은 장점과 단점이 극명하다. 따라서 모든 컴퓨팅에 화면을 대체해 대화형을 적용하는 것은 맞지 않다. 대화형이 빛나는 경우와 아닌 경우를 정확히 알고 적용해야 한다. 하지만 대화형의 장단점은 기술의 발전에 따라 변한다. 기술의 발전이 사회의 수용을 바꾸고 장점이 단점이 되는 경우가 생긴다. 이 장에서 설명하는 대화형의 장단점은 보이스 인터랙션을 기준으로 했다. 대화창을 쓰는 화면 기반 대화형에선 장단점의 일부만 맞다.

AI와 난임 극복?

대화형의 장점

대화는 인간의 기본 소통 방식이다. 말하는 것만큼 자연스럽고 직관적인 것은 없다. 아이가 태어나면 글보다 말을 먼저 배운다. 엄마와 아이의 첫 대화는 소리로 상대를 더듬는 것과 비슷하다. 자라나며 말에 내 생각을 담는 걸 배우고 상대의 생각을 알기 위해 질문을 던지는 법도 배운다. 대화는 큰 문턱이나 어려움은 없는 자연스러운 생각의 연장이 된다. 결국 말과 대화가 우리 몸에 누적되어 생각의 모양을 만든다.

하지만 글이 필요한 이유가 있다. 말은 쉽게 증발되고 멀리 전파되기 어렵다. 대화는 상대를 염두에 두고 만들어지지만 글은 일반적인 대상을 염두에 둔다. 그래서 글은 객관적이고 논리가 담기게 된다. 인간이 아닌 기계와의 대화를 만들려는 사람들은 대화의 가능성과 한계를 명확히 이해해야 한다. 대화가 꼭 발생할 것 같은 경우(use case)를 발견해야 하고 상황에 맞는 대화를 디자인해야만 성공적인 소통이 가능해진다. 대화형 상호 작용의 장점은 아래와 같다.

직관성

대화형의 대표적 장점은 자연스럽다는 것이다. 사람에

게 말하듯 툭 던지면 된다. 기계가 알아들을 수 있는 명령이나 절차로 풀어헤칠 필요가 없다. 또한 대화는 점진적(progressive)이다. 점진적 진행은 발화자의 인지적 부담을 낮춘다. 첫 질문은 모호하게 시작해도 대화 과정을 통해 대화를 구체화할 수 있다. 상대의 표정이나 반응을 보며 주제나 깊이를 조절할 수 있는 것도 대화의 장점이다.

핸즈 프리, 아이즈 프리

말로 하는 인터랙션에서 눈과 손은 자유롭다. 운전처럼 전방 주시를 해야 하는 경우나 손에 공구나 짐을 잔뜩 들고 있는 상황에서 하던 일을 멈추지 않고 말로 추가 작업을 요청할 수 있다. 주변 상황을 말로 전달받을 수도 있다. 이를 청각적 정보 증강(audio information augment)이라 한다. 말과 귀로 정보 보철을 받는 셈이다.

랜덤 액세스

화면형 인터페이스가 가지는 위계를 가로지를 수 있다. 화면형 인터페이스에서는 원하는 정보에 도달하기 위해 첫 화면부터 차례대로 위계를 타고 내려와야 한다. 대화형은 위계를 가로질러 답이 위치한 곳에 바로 도착할 수

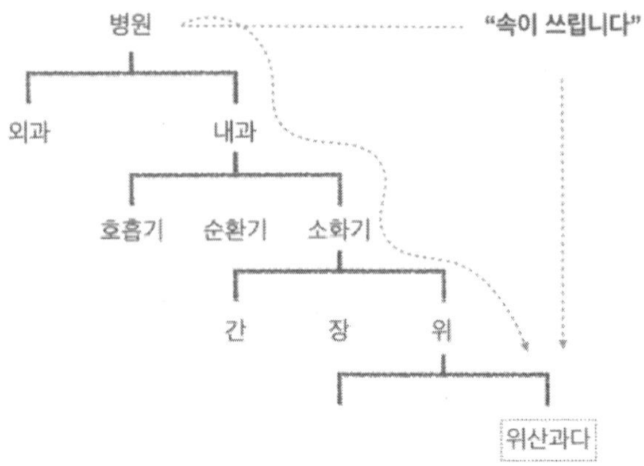

그림 3-1. 위계를 통한 탐색과 검색을 통한 식섭 섭근. 저자 그림.

있다. 이는 시간적으로도 빠르지만, 위계를 타고 오르는 동안 주의가 산만해지는 것을 막는다. 검색도 랜덤 액세스의 성격을 갖지만 대화형은 맥락을 유지하며 목표에 도달하기에 인지적 부담이 훨씬 적다.

사물 인터넷 등 새로운 디바이스 제어

컴퓨터나 가전제품과 달리 새로 등장하는 사물 인터넷 제품들은 말로 통제하는 게 어울린다. 작은 사물 인터넷 제품들은 공간에 퍼져 있고 디스플레이와 스위치를 달기도 어렵다. 사물 인터넷 제품의 초기 설정은 스마트폰으로 한다. 하지만 작동을 위해 스마트폰을 찾는 것은 번거롭다. 마치 티비를 켜기 위해 매번 리모콘 먼저 찾는 것과 비슷하다. 그래서 공간의 중간 정도에 놓인 인공지능 스피커에 말로 명령하는 것이 적당하다. 이런 인터랙션을 파필드(far field) 컨트롤이라 한다.

개인화

대화는 말하는 사람에게 특화된다. 화면형은 모두를 위한 인터페이스를 만들어야 하지만 대화는 상대를 중심으로 그때그때 만들어지기에 개인에게 특화되기 좋다. 개인화는 대화에서 언급된 주요 키워드의 기억 또는 장기간의 대화 이력(discourse history) 분석을 통해 가능하다.

에이전시

대화 속에 발현되는 인성을 에이전시(agency)라고 한다. '에이전시'는 자신의 의지를 가지고 독립적으로 행동하고 결정할 수 있는 능력(capacity)을 의미한다. 기계에서 에이전시를 느끼면 이는 더 이상 도구가 아니다. 인간과 동등한 문제 해결자로 인식되며 보다 복잡하고 전문적인 문제에 도움을 받을 수 있다.

대화형의 한계

대화가 늘 쉽게 일어나는 건 아니다. 조건이 맞을 때에만 일어난다. 사람들의 대화는 언제 이루어지는가? 첫째 원하는 것이 명료할 때 대화가 발생한다. 정보 전달, 설득, 정서의 교감 등 대화 목표가 있어야 시작된다. 둘째 공통 기반을 느낄 때 대화가 발생한다. 대화 상대와 언어, 문화, 입장의 공통감을 느낄 때 대화가 발생한다. 셋째 대화 효용이 생긴다고 느낄 때 대화가 생긴다. 대화가 헛수고라 생각하면 말을 아끼게 된다.

처음 만난 사람과의 대화는 표면적일 수밖에 없다. 대화가 깊어지기 위해서는 대화 상대에 대한 이해와 신뢰, 그리고 장고한 대화 이력이 필요하다. 기계와의 대화도 시간이 필요하고 맥락이 필요하다. 하지만 대부분의 기계는 무표정하고 단선적이어서 기계가 대화로 사람의 마음을 열기는 어렵다.

첫 시작의 막막함

GUI와 달리 대화형은 행동을 유도하는 시각적 힌트가 없다. 허공 또는 빈 대화창에 오롯이 내 의지로 대화를 시작해야 하는 건 난감하다. 기계의 대화 능력을 가늠할 수 없기에 첫 대화는 어렵다.

일람성이 떨어진다

여러 자료를 늘어놓고 비교하는 것을 일람이라 한다. 일람은 정보들을 비교하거나, 쌓인 정보들로부터 내재된 패턴을 파악하는 방식이다. 뉴스 사이트를 열면 기사들의 목록이 보인다. 목록은 기사를 고르는 도구이기도 하지만 목록 자체도 하나의 비교 자료 역할을 한다. 기사 목록만 살펴봄으로써 오늘의 한국을 파악할 수 있다. 대화형은 이러한 일람성을 제공하기 어렵다. 따라서 대화형을 통해 여러 대안을 제시하고 비교하라는 것은 적절한 요청이 아니다.

먼저 말 걸기 어렵다

우리가 상대에게 말을 걸 때 적절한 타이밍을 찾듯 기계도 사람에게 말 걸기 위한 순간을 찾아야 하는데, 어렵다. 그래서 스마트 스피커나 보이스 어시스턴트는 웬만하면 먼저 말을 걸지 않는다. 사람들은 기계가 먼저 말 거는 걸 문화적으로 기괴(creepy)하게 느끼고 불쾌해 한다. 기계가 말 걸어도 좋은 상황을 오퍼튠 모멘트(opportune moment)라 하는데, 옵튠 모멘트는 개인의 정신 활동, 주변적 맥락, 동반자 여부 등을 파악하는 복합적 계산이 필요하다.

짧은 기억

대화형 컴퓨팅은 대부분 짧은 기억을 갖는다. 기술적인 한계도 있지만, 모든 것을 기억한다 해도 이를 모두 대화에 반영하는 건 적절치 않다. 적당하게 기억을 통제하는 건 어려운 기술이다. 그래서 지금은 대화 후 기억이 모두 휘발되는 에이전트가 일반석이다. 개인의 기억과는 달리 집단의 기억도 필요하다. 집단의 공통 기억은 상식(common sense)을 만드는 기반이 된다. 대화형 컴퓨팅에 위키피디아 같은 객관적 지식은 연동되어 있지만, 상식이 없기에 모든 것을 다 설명해 주어야 한다.

나이 먹지 않는다

지금의 버추얼 에이전트에는 시간감이 없다. 시간감이란 나이 먹는 느낌이다. 우리 주변의 도구들 중에 시간감이 있는 도구는 거의 없다. 하지만 대화하는 에이전트에 시간감이 없는 건 나만 나이 먹는 기분이다. 나이 든다는 것은 단지 과거를 기억하고 이를 공유한다는 것을 넘어 정체성이 상황에 맞게 변화됨을 말한다.

언어의 모호성과 이름의 자의성

대화에는 지시대명사나 모호한 표현들이 많이 담긴다. 이, 그, 저와 같은 지시대명사는 대화 맥락에서 대상을 유추할 수 있지만 보통은 눈에 보이는 걸 기준으로 지시하기에 정확한 판단이 어렵다. '금방', '곧', '다음에'와 같은 시간 표현 역시 기계가 해석하기 어렵다. 잠깐이 10분을 의미하는지, 한 시간을 의미하는지 알기 어렵다. 이름 역시 자의성이 크다. 음성 명령으로 목록을 하나 작성했을 때 내가 '쇼핑 목록'이라 이름 붙였는지 '장보기'라 이름 붙였는지 기억하기 어렵다. 집 안에 사물 인터넷 전등이 여러 개 있다면 각각에 뭐라 이름 붙였는지 기억하기 어렵다. 화면에 이름들이 떠 있다면 그중 하나를 고르는 건 쉽겠지만 보지 않고 내가 붙인 이름들을 기억해 호명하는 건 어려운 일이다.

04

대화형 컴퓨팅: 챗봇

챗봇은 화면을 기반으로 한 대화형 에이전트를 말한다. 대화창에 질문을 던지면 사람 대신 기계가 답을 준다. 초기의 챗봇은 응답 수준이 낮았지만 최근 대형 언어 모델(LLM) 기반의 챗봇들은 일취월장했다. 언어 이해력도 좋고 기반이 되는 지식도 출중하다. 하지만 지금의 기술로 만든 챗봇이 모든 분야에서 잘 활용되지는 않는다. 초기에 챗봇이 적용된 분야를 살펴보면 향후 적용이 가능한 영역을 예측할 수 있다.

AI와 사주?

챗봇의 활용

챗봇의 역사는 꽤나 오래되었다. 인공지능이 처음 논의되던 1960년대에도 과학자들은 대화하는 로봇을 만들고 싶어 했다. 이후 전문가들의 지식을 시나리오에 담은 엑스퍼트 시스템이 대화형으로 선보였으나 성공하진 못했다. 2010년 무렵을 전후해 자연어 이해(NLU) 성능이 좋아지며 쓸모 있는 챗봇이 나오기 시작했다. 지금은 다양한 산업과 서비스에 챗봇이 널리 활용되고 있다. 챗봇의 대표적 활용 분야는 다음과 같다.

고객 서비스

많은 기업들이 고객 문의 응답, 문제 해결, 정보 제공 등을 위해 챗봇을 도입하고 있다. 은행 챗봇은 계좌 정보 조회, 거래 내역 확인, 금융 상품 안내 등의 서비스를 제공한다. 또한 제품이나 서비스의 고장 수리나 서비스 요청 영역에도 활용된다. 자주 묻는 질문(frequently asked questions)이나 문제 해결(trouble shooting) 데이터 베이스를 연동하면 챗봇이 대화를 통해 도움을 줄 수 있다.

의료 분야

챗봇은 훌륭한 문진(history taking & diagnosis) 장치다.

대화를 통해 환자의 증상을 듣고 병증을 파악할 수 있으며, 적절한 의료 조치나 병원 예약을 도울 수 있다. 국내에는 원격 의료가 금지되어 있지만 해외의 바빌론 헬스(Babylon Health)는 사용자의 증상을 분석해 의료 조언을 제공하고, 필요한 경우 의사와의 상담을 연결해 준다.

교육

초중고생의 학습이나 경력자들의 기능 교육에 챗봇이 활용될 수 있다. 학습자의 학습 진도나 이해도에 따라 개인 최적화된 퀴즈나 복습 질문을 제시해 학습 효과를 높일 수 있다. 필요에 따라 문제 풀이 또는 메타 학습 정보를 제공할 수도 있다.

이커머스 및 소매

방대한 상품의 숲에서 헤매는 고객에게 챗봇은 훌륭한 동반자가 된다. 소비 이력을 바탕으로 상품 추천, 할인, 재고 확인, 주문 처리 등을 담당한다. 예를 들어, 에이치앤엠(H&M)과 세포라(Sephora)는 고객의 취향과 필요에 맞는 제품을 추천해 주는 챗봇을 운영 중이다.

여행 및 환대

여행 챗봇은 항공권 예약, 호텔 예약, 여행 일정 조정 등 여행 관련 쪼개어진 업무들을 엮어 하나의 일정으로 만들어 준다. 익스피디아(Expedia)와 부킹닷컴(Booking.com)은 고객이 여행 계획을 세우고 예약할 수 있도록 지원하는 챗봇을 제공한다.

일반 업무

업무용 챗봇은 직원들의 결재, 기안, 인사 관련 업무를 대신한다. 업무 분석 전문가들은 우리가 하는 업무 중의 상당수가 몇 개의 변수와 짧은 의사 결정 단계를 가지기에 챗봇 적용이 가능하다고 한다. 챗봇은 회의록 작성, 프로젝트 기안, 근무 시간 조회, 휴가 신청, 급여 정보 확인 등을 자동화해 인간의 행정 업무 부담을 줄여 준다.

고객 상담 봇

챗봇의 대표 사례인 고객 상담 봇을 조금 더 깊이 들여다볼 필요가 있다. 고객 상담 봇은 이제 흔하게 접할 수 있는 서비스가 되었다. 앱들의 하단을 보면 동그란 버튼이 달려 있는데 이는 챗봇으로 들어가는 문이다. 고객 상담 봇과 대화하다 보면 챗봇 뒤에 사람이 있다 착각할 정도로 대화 성능도 좋아졌다. 고객 상담이 챗봇의 베스트 프렉티스가 된 이유는 사용자의 긴박성 때문이다. 곤란한 문제를 해결해야 하는 사용자는 챗봇의 어려움과 낯설음의 문턱을 넘게 한다.

상시 대응 가능

챗봇은 24시간, 일주일 내내 지속적으로 서비스를 제공할 수 있다. 이는 특히 국제 시장을 대상으로 하는 기업에 중요한 이점이 될 수 있다. 고객의 입장에서도 항상 열려 있는 서비스는 안정감을 준다.

기다림 없이

챗봇은 콜센터에서 경험하는 긴 대기 시간이 없다. 사용자 질문에 즉각적으로 응답할 수 있어서 고객 만족도를 높인다. 또한, 챗봇은 여러 고객의 질문을 동시에 처리할 수 있고 피크 시간도 없다.

비용 절감

콜센터의 인건비는 비싸다. 사람이 24시간 대응하기 위해서는 3교대가 필요하고 주말까지 대응하려면 꽤나 많은 인건비를 지불해야 한다. 챗봇은 늘 깨어 있고 반복적인 질문에도 잘 대답한다. 직원 학습에는 시간과 비용이 들 뿐더러 흥분한 고객을 대응하느라 감정 노동할 필요도 없다. 고객 서비스(customer service, CS)가 중요한 기업에겐 챗봇이 절대적이다.

인간-기계 협업

챗봇이 모든 대화를 책임질 필요는 없다. 기본적인 정보 제공이나 반복적인 문제 해결은 챗봇이 담당하고 사람은 챗봇의 빈 곳을 채우면 된다. 빈 곳은 인간적 대응이 필요하거나 난이도가 높은 질문들이다. 적절히 분담된 인간-기계의 협업을 통해 서비스는 훨씬 지능화된 대화를 가능하게 한다.

데이터 수집 및 분석

챗봇의 궁극적인 목적은 훌륭한 대화가 아니라 고객 데이터 수집이다. 웹사이트나 매장의 계산대에서도 고객 행동 데이터가 쌓이지만, 챗봇은 훨씬 더 풍부한 데이터를 모을 수 있다. 대화에는 고객 행동의 상황, 동기, 의도, 만족이 담기기에 단순 행동 데이터에서는 알 수 없는 행동의 이유를 알 수 있다. 이러한 정보는 제품 개선, 마케팅 전략 수립, 고객 서비스 개선에도 활용되지만 의미 있는 마이크로 이벤트를 발견해 고객 행동을 선제할 수 있다.

심리 상담 봇

심리 상담 봇 또한 성공 케이스다. 인지 행동 치료 기술(CBT)를 활용한 상담 봇은 사용자의 부정적인 생각 패턴을 인식하고 수정하는 데 도움을 준다. 이는 우울증, 불안, 스트레스 등의 상태를 관리하는 데 효과적인 방법이다. 일기나 명상 등 자기 관리 도구형 챗봇도 발달하고 있다. 답답할 때 내 이야기를 들어 주는 것만으로도, 또는 복잡한 심경을 말로 풀기만 해도 심리적 효과가 있다고 한다. 거기에 '기계 같은(machine like)' 느낌은 중립적이고 프라이버시를 보호해 줄 것 같은 인상을 준다. 챗봇이 사용자로부터 심각한 정신 건강 문제를 발견하면 전문가의 심리 치료를 병행하도록 유도하기도 한다. 대화형 인터페이스는 모두에게 익숙하고 진입 장벽이 낮기에 정신과를 간다는 부담 없이 초기 진단이나 상담 비용을 절약할 수 있다. 익명성 보장으로도 스티그마(stigma)를 완화시킬 수 있다. 특히 24시간, 사용자가 어떤 상황에 있더라도 접근 가능하다는 건 큰 장점이 된다.

우봇(Woebot)은 대표적인 인공지능 기반의 챗봇으

로, 인지 행동 치료(CBT) 원리를 활용해 사용자의 정서적 문제를 돕는다. 챗봇은 우울증, 불안, 스트레스 등의 문제를 가진 사용자와 대화하며, 감정을 기록하고 부정적인 사고 패턴을 인식하고 수정하는 데 도움을 준다. 우봇은 사용자의 일상적 대화를 통해 개인 맞춤형 피드백과 정신 건강 지원을 제공한다.

흥미로운 점은 최초의 챗봇인 엘리자(ELIZA) 역시 상담 봇이었다는 것이다. 1966년 조셉 와이젠바움(Joseph Weizenbaum)은 상대 발화에서 주요 단어를 꼬리 물어 대화를 지속하는 챗봇을 선보였다.

챗지피티

인공지능에도 대화형 인터페이스가 보편적이다. 왜 오픈에이아이는 대형 언어 모델의 탐색에 '챗', 즉 대화형 인터페이스를 탑재했을까? 역사적으로 살펴보면 그 답이 있지 않을까 한다. 인류의 지식을 최초로 집대성한 결과는 백과사전이며 책의 형식으로 되어 있다. 가나다라 순으로 주제가 나열되어 있기에 선형적으로 앞에서부터 찾아봐야 했다. 이후 등장한 인터넷의 '위키피디아'는 책을 해체해 개념과 개념을 연결한 링크의 집합으로 구성되어 있다. 딱히 시작도 끝도 없지만 질문의 꼬리를 물고 따라갈 수 있는 구조다. 그 뒤 구글과 같은 검색 엔진은 세상의 모든 웹 페이지를 엮어 거대한 지식 유기체를 만들었다. 하지만 검색 결과는 답이 아니라 답일 가능성이 높은 페이지들의 링크다. 사용자가 리스트를 하나씩 클릭해 답을 찾아야 한다. 챗지피티는 이를 보완한다. 질문에 대한 답을 하나의 완성된 문장 형태로 제시한다. 완성된 문장을 보는 것과 사고의 재료들을 보는 것은 다른 느낌이다. 사용자는 질문의 깊이를 더하거나 프롬프트를 수정해 원하는 답에 가까워질 수 있다. 처음 사용하는 챗지피티의 답은 약간 진부한 느낌을 주는 모범 답안에 가깝지만 파인 튜닝을 통해 좀 더 목적에 가까운 답을 빠르게 얻을 수 있다.

챗지피티는 기본적으로 단어들의 관계를 예측하는 트랜스포머 아키텍처(transformer architecture) 위에 실제 사용자와의 대화를 잘 대응할 수 있게 만든 추가 레이어로 구성되어 있다. 추가 레이어들은 모두 '대화의 고도화'를 위한 장치들로 기본 모델 못지않게 중요하다. 그만큼 대화는 어려운 기술이다.

트랜스포머 아키텍처

오픈에이아이는 웹 · 서적 · 기사 등 다양한 출처로부터 텍스트를 수집하고 학습시켜 입력 단어가 서로 어떻게 관련되어 있는지를 확률적으로 파악하고 문맥을 이해한다. 문맥을 이해하기 위해 문장은 컴퓨터가 이해할 수 있는 단위인 토큰(token)으로 분해된다. 토큰은 하나의 단어이거나 단어 조합일 수도 있고, 혹은 짧은 문장일 수도 있다.

정제 및 최적화 레이어(refinement and optimization layers)

챗지피티의 응답을 사용자의 요구에 맞추어 조정한다. 대화 맥락에 맞고 틀림이 없는 답을 만들기 위해 세부 조정된 정책이나 규칙을 적용한다. 이 레이어는 부적절한 내용을 필터링하고 특정 사용자 그룹이나 상황에 적합한 응답을 생성한다.

상호 작용 감지 및 학습 시스템 (interaction detection and learning systems)

사용자와의 상호 작용을 통해 모델을 학습하고 성능을 향상시킨다. 사용자의 질문과 반응을 분석해 모델이 더 나은 응답을 할 수 있도록 돕는다.

안전성 및 윤리적 가이드라인(safety and ethical guidelines)

AI 모델 사용 시 안전성을 유지하고 윤리적이며 오해의 소지가 없도록 해 주는 다양한 매커니즘이다.

05
대화형 컴퓨팅: 버추얼 어시스턴트

버추얼 어시스턴트는 화면이 아닌 음성으로 대화하는 에이전트를 말한다. 2011년 애플의 시리, 2014년 아마존의 인공지능 스피커인 에코, 2024년에 챗지피티 옴니가 대표적 음성 에이전트들이다. 음성으로 대화하면 새로운 경험을 하게 된다. 에이전트의 존재감이 드러나며 구어적 특성이 강한 대화를 하게 된다. 하지만 버추얼 어시스턴트 역시 만능이 아니다. 모든 곳에서 쓰이기보다는 특정 상황에서 빛난다. 음성 기반 대화형 컴퓨팅을 가장 먼저 받아들인 사용자는 노인과 어린이라는 게 흥미롭다.

AI와 아이돌?

대화는 존재

글이 아닌 말로 하는 대화는 다르다. 대면 대화의 중요한 특징은 '대화의 본질'에 더 가깝다는 점이다. 말로 하는 대화는 단순한 정보 교환 이상의 의미를 갖는다. 하이데거는 대화(언어)는 존재의 집이라 했다. 언어가 인간 사고와 행동의 주요 도구이기에, 내 언어의 집합은 곧 나이기도 하다. 하지만 언어는 감추어져 있고 대화를 통해 드러난다. 그래서 대화의 합이 보다 명료한 나일지 모른다. 특히 대화란 상대와의 관계 속에서 벌어지기에 '나 = 대화의 합'이란 비유는 사회적 존재로서의 나를 말해주기도 한다. 대화는 감추어 있던 '존재'를 드러내고 생각을 발전시키는 방법이기도 하다.

어려운 철학적 논의가 아니더라도 대화는 본능적인 즐거움을 준다. 우리는 대화를 즐긴다. 식당이나 카페에 삼삼오오 모여 앉은 친구들이 몇 시간씩 즐겁게 대화를 나누는 장면을 보면 얼굴에 생기가 가득하다. 자신의 사소한 지난 일을 공유하는 것일 텐데 듣는 사람이나 호응하는 사람이나 그렇게 신날 수 없다. 대화는 곧 존재의 과정이고 내 이야기를 남에게 전달하고 호응을 받는 건 사회적 존재를 확인받는 일이기 때문이다.

소크라테스는 대화법(Socratic method)으로 유명하다. 그는 심지어 독서를 반대하기까지 했는데 '독서는 지식의 이해보다 지식의 습득을 돕는 도구이고 진리 추구에 방해가 된다'고 했다. 대신 대화는 살아 있는 지식이라 했다. 그의 대화법은 질문을 통해 사람들로 하여금 스스로 생각하고 논리적으로 결론을 도출하도록 유도하는 방법이다. 이 방식은 오늘날에도 교육, 심리 치료, 토론 등 다양한 분야에서 활용되고 있다. 소크라테스는 아래와 같은 대화를 좋은 대화로 보았다.

질문 중심

대화는 질문을 중심으로 전개되며, 이를 통해 사람들이 스스로 정보를 탐색하고 생각을 정리하도록 유도한다.

반성적 사고 촉진

소크라테스는 자신의 무지를 인정하는 것에서 시작해, 상대방도 자신의 지식에 대해 깊이 생각하고 의문을 갖도록 한다.

논리적 탐구

질문을 통해 상대방의 주장을 깊이 파고들며, 모순이나 비논리적인 요소를 드러내어 정제된 사고로 이끈다.

대화 협력

대화를 개인만을 위한 이기적 도구로 사용하기보다 협력적인 탐구를 목표로 할 수도 있다. 이때 대화는 서로의 이해를 돕고 지식을 확장한다.

에이전시

철학에서 '에이전시'라 하면 자신의 의지에 따라 독립적으로 행동하고 결정할 수 있는 능력을 의미한다. 에이전시는 자율성, 의지, 의사 결정 능력 등과 밀접하게 관련되어 있으며, 자신의 행동에 대해 어느 정도의 통제력을 가진 주체를 나타낸다. 말로 기계와 대화하게 되면 대화 속에서 '에이전시'가 발현된다.

에이전시는 외양보다는 내용이 중요하다. 인공지능 스피커에 사람처럼 생긴 얼굴이나 표정 짓는 눈썹을 붙여 에이전시감을 강조할 수 있으나, 인성은 대화 너머로 느껴지는 대화 지능(conversation intelligence)에서 더 강하게 느껴진다. 인성은 대화의 형식인 '스타일(style)'보다 대화의 내용인 '생각의 방식(way of thinking)'에 더 영향을 많이 받는다. 스타일은 사용하는 단어, 말투, 음색 등 표현에 관한 것이고, 생각의 방식은 에이전시가 갖는 지식과 전문성, 그리고 생각의 로직 등을 말한다.

에이전시의 범위는 넓을 수도 좁을 수도 있다. 시리나 알렉사(Alexa) 같은 범용 에이전트는 넓은 에이전시다. 모든 것에 대해 해박하지만 깊이 있는 대화를 나누기 어렵다. 반면, 전문성을 가진 에이전시는 커버리지는 좁지만 깊이 있는 상담이 가능하다. 가전제품이나 자동차에 탑재된 에이전시들이 좁은 커버리지의 에이전트다. 에이전트 자체가 기계의 몸에 붙는 경우 그 기계에 특화되어 좁고 깊은 반응을 하게 된다. 주방 가전제품에 보이스 에이전트를 탑재하면 요리에 대해 잘 알 듯하고, 자동차에 탑재된 에이전시는 주행과 도로 환경에 대해 잘 알 것이라 기대된다. 실험을 통해 조사한 바에 의하면, 오븐에 보이스 에이전트를 탑재했을 때 단순 기기 조작 요청은 38%였지만 요리나 식재료에 관련된 질문이 58%나 되었다. 사용자는 에이전트를 발견 후 레시피, 재료 다듬는 법, 분량 조절 등의 질문을 하게 된다.

이제 말하는 기계들이 많아지면서 우리는 수다쟁이 기계들에 둘러싸이게 되었다. "시리야!"라고 불렀을 때 스마트폰도, 홈팟도, 사물 인터넷 티비도 대답한다면 사용자는 곤혹스러울 것이다. 이를 멀티 에이전시 이슈라 하는데, 에이전시 간의 위계나 대응 방식을 미리 정해 놓아야 한다. 마스터 에이전시와 서브 에이전시로 역할을 구분하거나, 가까운 에이전시가 일차적으로 대답하는 등 에이전시 간의 위계를 사용자에게 학습시켜야 한다.

핸즈프리, 아이즈프리, 파필드

버추얼 어시스턴트가 적합한 상황들이 있다. 핸즈프리(hands-free)는 요리할 때처럼 손으로 기계를 조작하기 어려운 상황이고, 아이즈프리(eyes-free)는 운전처럼 전방 주시를 해야 하기에 별도의 디스플레이에 눈을 돌릴 수 없는 상황을 말한다. 핸즈프리와 아이즈프리는 운전과 같이 눈과 손을 쓸 수 없는 예외적 상황뿐 아니라 일반 생활에서도 장점을 갖는다. 우리는 걷고 움직이며 많은 일들을 하기 때문이다. 모바일 기기에 음성 에이전시가 잘 탑재되면 움직이는 상황에서 다양한 정보 보조를 받을 수 있다.

주 활동이 크리티컬 한 다중 작업

운전이나 산업 현장에서 무거운 기계를 다루거나 위험한 환경에서 작업하는 경우, 작업자의 손과 눈을 자유롭게 해 주는 게 중요하다. 가능한 부속적인 활동은 말로 처리해야 한다. 운동을 할 때도 핸즈프리 기술은 운동에 집중하면서도 데이터 인터랙션이 가능하게 해 준다.

장애가 있는 사용자

시각 장애인이나 손의 사용이 어려운 사용자에게 핸즈프리와 아이즈프리 기술은 필수적이다. 이 기술을 통해 음성 명령으로 전화를 걸거나 메시지를 읽고, 정보를 요청하는 등의 일상적인 작업을 수행할 수 있다. 노령 층이나 유아들도 음성 명령을 통한 간편한 조작으로 보다 쉽게 기기를 사용할 수 있다.

파필드 상황

스마트폰처럼 사용자가 기계 근처에 있어서 직접 조작할 수 있는 경우를 니어필드라고 한다. 반면, 파필드는 사용자가 기기와 물리적으로 거리가 멀어서 스위치를 조작하려면 움직여야 되는 상황을 말한다. 파필드에서 인공지능 스피커를 통해 음성 명령을 내리면 번거로움을 줄일 수 있다. 스마트 홈 또는 지능형 사무 공간에서는 모든 기기들이 애매하게 멀고 사용자는 한 가지 작업에 집중하고 있기에 보이스 컨트롤이 유리할 수 있다.

인공지능 스피커

버추얼 어시스턴트의 대표 사례는 인공지능 스피커다. 최초의 상용화된 인공지능 스피커는 2014년에 출시된 아마존의 에코다. 이후 구글도 구글홈(Google Home: Google Assistant)을, 애플도 홈팟(HomePod: Siri)을 출시했다. IT 기업도 아닌 아마존이 첫 인공지능 스피커 제품을 선보인 것은 의외였는데, 사실 아마존은 이미 이북(eBook) 뷰어인 킨들(Kindle)과 AWS 클라우드 서비스를 통해 리테일을 위한 기반 기술 투자에 적극적이었다. 아마존이 인공지능 스피커를 출시한 배경에 대해 전략적이란 평가를 받는데, 이는 에코와 내장된 음성 비서 알렉사를 사용자의 생활 깊이 침투시켜 생활에서 발생하는 다양한 발화 데이터를 확보할 수 있기 때문이다. 쇼핑 앱에서는 '주문'을 전후해 사용자의 간단한 정보밖에 확보할 수 없지만 대화형 인터페이스에서는 상품이 왜 필요한지, 어떤 상황에서 필요했는지, 그리고 배송 후 만족도가 어떤지도 알아낼 수 있다. 아마존 에코가 갖는 전략적 포지션은 다음과 같다:

소비자 데이터 수집

에코와 알렉사를 통해 아마존은 사용자의 생활 패턴, 선호도, 소비 습관 등의 소중한 데이터를 수집할 수 있다. 이 데이터는 사용자에게 더 개인화된 쇼핑 경험을 제공하고, 마케팅 전략을 최적화하는 데 사용될 수 있다.

스마트 홈 시장 리더십

에코는 스마트 홈 기기들을 제어하는 중앙 허브의 상징적 이미지를 만들었다. 스마트 홈과 사물 인터넷 기기를 통제하는 방법에 대해서 그동안 여러 시도가 있었지만 검은색 실린더 모양의 스피커는 스탠리 큐브릭(Stanley Kubrick) 감독의 영화 〈2001 스페이스 오디세이(2001: A Space Odyssey)〉에 나오는 '모놀리스'처럼 꽤나 강한 인상을 만들어 냈다. 이를 통해 아마존은 빠르게 성장하는 스마트 홈 시장에서 리더의 입지를 강화했다.

아마존 생태계

아마존 에코는 아마존의 책과 킨들 뷰어, 동영상 프라임 서비스와 파이어 뷰어, 뮤직과 같은 다양한 아마존의 디지털 콘텐츠 사용을 촉진한다. 사용자가 생태계에 익숙해질수록 기능적 시너지가 나도록 설계했다.

자연어 모델 훈련

아마존은 에코를 통해 인공지능, 자연어 처리, 클라우드 컴퓨팅 등의 첨단 기술에 필요한 훈련 데이터를 확보했다. 이 데이터는 요구, 결과, 만족도가 모두 있는 풍부한 데이터다.

10년이 지난 인공지능 스피커에 대한 평가는 절반의 성공, 절반의 실패로 평가된다. 인공지능 스피커의 판매량은 엄청나게 많았지만 스마트폰처럼 지속해서 사용되고 있지 않는 이유는 다음과 같다.

제한된 기능성

초기 스마트 스피커는 기본적인 명령 실행도 버거웠다. 사용자들이 더 복잡하고 다양한 작업을 요구함에 따라, 기기의 제한된 기능이 한계로 부각되었다. 한마디로 신박한 쓸모나 킬러 유스 케이스가 없었다.

확장의 한계

스피커를 위한 제3자 앱의 개발이나 연동되는 기기가 제한적이었다. 아마존은 빌더를 개방하고 앱스토어와 유사한 카탈로그를 만들었지만 매력적인 앱들이 등장하지 않았다. 또한 다양한 사물 인터넷 기기들 중 스피커와 연동되는 제품은 제한적이었고 설치 방법은 꽤나 어려웠다. 결국 구입한 스피커 그대로 사용하게 되고 결국 방치되게 되었다.

스마트폰과의 경쟁

스피커에서 제공되는 기능은 스마트폰에서 이미 제공되거나 오히려 더 풍부하게 제공된다. 더구나 스피커는 특정 공간에 붙박이로 고정되어 있는데 집 안팎을 돌아다니며 활동하는 사용자에게는 주머니 속의 스마트폰이 훨씬 가깝고 유용하다.

프라이버시 우려

사용자들 사이에서 스마트 스피커가 지속적으로 주변 환경을 청취하고 데이터를 수집한다고 걱정한다. 이러한 스피커들이 수집한 데이터가 어떻게 사용되고 저장되는지에 대한 투명성 부족은 소비자들의 구매 결정에 부정적인 영향을 미친다.

문화적 차이

일부 국가나 문화권에서는 음성 기반 상호 작용이 어색하다. 문자 문화가 강하면 스마트 스피커의 수용이 더딜 수 있다. 음성 명령을 사용하는 것이 일상적이지 않은 문화에서는 스마트 스피커의 유용성이 감소할 수 있다.

스마트폰의 음성 비서

버추얼 어시스턴트의 다른 대표 케이스는 음성 비서다. 애플의 시리, 삼성의 빅스비, 구글의 구글 어시스턴트, 마이크로소프트의 코타나(Cortana)가 대표적 서비스들이다. 음성 비서는 스마트폰에 탑재되어 사용자의 음성 명령을 인식하고 해석해 다양한 작업을 수행한다. 스마트폰에 음성 비서가 탑재된 이유는 여러 가지지만, 첫째, 문자 입력 문제를 해결해 준다. 작은 화면 키보드에 터치로 긴 문장을 입력하는 건 어렵고 틀리기 쉽다. 음성 인식의 발달로 명령이나 텍스트 입력의 대안이 생겼다. 둘째, '집사(butler)' 또는 대리자의 역할이 필요해졌다. 스마트폰이 어느새 인간 정보 생활의 허브가 되었다. 스마트폰은 어느새 우리의 생활을 돕는 다양한 도구들의 집합체가 되어 버렸다. 검색, 사교, 쇼핑, 엔터테인먼트의 정보적 기능뿐 아니라 스마트 홈에 연결된 기기들의 통제도 스마트폰으로 한다. 이 많은 도구를 1:1로 통제하는 건 복잡하고 어렵다. 대신 나를 대리해 '위임 통제'해 줄 에이전트가 필요하게 되었다. 그래서인지 음성 '비서'란 이름이 붙여졌다. 셋째, 스마트폰에는 나의 모든 정보가 담겨 있다. PIMS(personal information management system)에 해당하는 사진, 메모, 파일, 통신 기록 등이 모두 스마트폰에 담겨 있다. 이 정보들은 개인화에 큰 도움이 되며 시간이 지남에 따라 사용자의 선호와 행동 패턴을 학습하고, 이에 기반한 맞춤형 경험을 제공할 수 있다.

하지만 우리는 음성 비서로 대단한 일을 하지는 않는다. 음악을 틀거나 날씨를 확인하고 전화를 거는 일 정도에 제일 많이 활용한다. 이는 대화 능력(자연어 처리 에러)과 행위 능력(기능 부족)의 한계 때문이다.

AI 말벗

기계가 먼저 말을 걸기가 어렵다고 했지만 예외의 성공 사례가 있다. 바로 혼자 지내는 어르신을 위한 안부콜 서비스다. 코로나를 전후해 확산된 안부콜은 비정기적으로 노인들에게 전화해서 일상의 질문을 한다. 대화 상대가 필요한 노인들은 안부콜을 환영한다. 대화를 통해 위기를 감지하기도 하지만 노인들의 외로움을 완화해 주는 정서적 역할도 한다. '기억하기' 기능을 통해 연속성 있는 대화도 가능하다. 최근 추가된 '목적성 안부 대화' 기능은 자연스러운 대화 흐름을 유지하면서도 재난 공지, 안전 수칙 안내, 피해 사실 확인 같은 특정 목적과 관련된 내용도 수행할 수 있다. 아래는 뉴스에 소개된 사례들이다.

경기도는 2023년부터 65세 이상 어르신을 대상으로 '인공지능(AI) 노인말벗서비스'를 제공한다. 홀몸 노인과 차상위 취약 계층 등 안부 확인이 필요한 대상자 5000명에게 주 1회 인공지능 상담원이 안부 전화 서비스를 제공하는 방식이다. 전화를 세 번 이상 받지 않거나 '살고 싶지 않다' 등의 단어가 감지될 경우 경기도사회서비스원에서 직접 전화를 시도하고, 필요 시 읍면동 복지서비스 담당자가 직접 거주지를 방문해 응급 상황이 발생했는지 확인한다. 네이버의 '클로바 케어콜'도 비슷한 서비스다. 케어콜은 정형화되지 않은 대화를 이해하고 자연스럽게 언어를 생성할 수 있는 네이버의 하이퍼클로바를 기반으로 개발됐다. (경기도청, 2024)

군포시에 홀로 사는 B씨(70대)는 AI 말벗서비스와 통화하며, 평소 혼자 식사를 챙기기 어렵다고 얘기했다. AI는 이를 위기 징후로 감지했고, 이후 상담을 통해 관내 복지관에서 도시락을 배달받을 수 있도록 조치했다. 연천군에 사는 A씨(80대)는 세 차례 AI 전화에 응답이 없어 사회서비스원 직원이 직접 통화를 시도했다. A씨는 최근 자녀 상을 겪은 데다 배우자의 치매 증상까지 악화되어 심신의 어려움을 겪고 있는 것으로 파악됐다. (한국경제, 2024)

참고문헌

경기도청(2024.3.22). AI노인말벗서비스 확대 시행.

한국경제(2024.3.13). AI 노인말벗 서비스 대상 5천명으로 5배 확대.

06
대화 기술: 자연어 처리

기계와의 대화가 그럴듯한 수준이 된 것은 자연어 이해(NLU) 기술 덕분이다. 이전의 자연어 처리(NLP)는 언어학적 분석을 바탕으로 했는데 이는 성공률이 낮았다. NLU는 대량의 발화 데이터의 학습으로 대화 이해도가 높다. 문장의 표현 속에 숨어 있는 사용자의 의도(intention)을 파악하는 기술이 NLU의 핵심이다. 대화 의도와 이에 맞는 대답으로 만들어진 쌍들을 구축하고, 이를 시나리오에 연결하면 훌륭한 대화 상대가 탄생한다.

AI와 야구?

대화 엔진의 구조

자연어 처리 기반 대화 서비스를 구성하는 요소는 크게 여섯 가지다. 먼저 음성을 글자로 눌러 앉히는 음성 인식(automatic speech recognition, ASR) 모듈이 필요하다. ASR은 사람들의 음성 발화를 수없이 훈련해 가능해졌다. 흥미로운 점은 ASR의 아웃풋은 의미 없는 텍스트 스트링이기에 의미 해석은 그 다음에 이뤄진다. 챗봇이라면 입력을 텍스트로 받기 때문에 이 단계가 필요 없다.

다음 단계는 자연어 이해다. 여기서는 텍스트 스트링에 담긴 의미나 사용자의 의도(intention)를 파악하게 된다. 흥미로운 점은 의도 파악에 언어학적 분석보다 발화 데이터 학습을 통한 유사 벡터 매칭 방식이 훨씬 유용하다. 또한 주변 단어와의 관계를 통해 맥락적 이해가 가능하다. 즉, '양화대교 틀어 줘'라는 발화에서 '양화대교'를 지명이 아닌 곡명으로 인식하는 건 뒤에 나오는 틀어 줘가 'play'라는 인텐트이기 때문이다.

대화 관리(dialog management)는 대화의 흐름을 유지하는 디자인이다. 사용자의 깨움(evoking)에 반응하고, 질문의 의도에 맞는 답을 해 주는 게 기능이다. 대화 디자인은 질문(의도)과 대답으로 이루어진 대답쌍으로 구성된 거대한 커다란 트리 구조의 시나리오가 일반적인 모습이다. 대답쌍이란 '오늘 날씨는?'이란 질문에 '현재 ~도입니다'라는 답이 대응하도록 짜 놓은 것을 말한다. 이를 위해 방금 대화에서 포착한 의도와 변수(entity)를 시나리오상에서 검색해 적절한 대답쌍을 찾는다. 이 과정에서 답을 위해 지식 기반(knowledge base)을 참조한다.

답이 만들어지면 그 다음으로는 자연어 생성(natural language generation, NLG)을 한다. 대화 관리에서 만들어진 답을 인간의 알아들을 수 있는 문장으로 만들어 준다. TTS(text to speech)는 자연어 문장을 음성으로 변환하는 것이다.

여기서 간과할 수 없는 요소가 하나 있는데 이는 지식 기반이다. 에이전트가 어떤 지식을 가지느냐에 따라 에이전트의 성격과 행위 능력이 달라진다. 구글은 구글 검색 데이터를, 아마존은 위키피디아를, 네이버 클로바는 네이버 검색을 지식 기반으로 활용하기에 같은 질문을 던져도 에이전트별로 답의 성격과 내용이 다르다.

의도의 발견

NLU 기반 버추얼 어시스턴트의 특징은 문장 속에서 발견한 '의도(intention)' 중심으로 대화가 진행된다는 점이다. 의도는 다양한 표현을 가로지르는 사용자의 핵심 요청 사항이다. 예를 들면 '생수 주문해 줘'의 경우 주문(buy)이 명령의 의도이다. 만약 사용자가 '생수 떨어졌어'라고 표현했을 때 에이전트는 바닥에 떨어진 생수를 줍는(pick up) 게 아니라 생수를 '주문(buy)'하는 걸로 이해해야 한다. 위의 두 표현이 같은 의도인지 아는 방법은 두 가지이다. 하나는 언어학적 방법, 즉 문법적 해석에 의한 것이고, 또 하나는 데이터의 훈련을 통해서다. 지금은 발화 데이터를 벡터라이즈해 유사한 그룹을 통해 인텐트를 파악하는 방법이 널리 쓰인다. 2010년대에 버추얼 어시스턴트가 일취월장한 배경에는 머신러닝 기술의 발전으로 자연어 이해가 발전했기 때문이다.

의도 중심의 소통은 대화 센스라는 특징을 갖는다. 인간의 표현은 늘 수사(rhetoric)로 가득하다. 우리는 '의도'를 표면에 드러내기보다 관습적이거나 유화적 표현을 많이 사용한다. 업무 상황이라면 오해가 없도록 '의도'와 '변수'를 명료하게 드러낸 대화를 하지만, 일상의 대화에서는 정서적인 이유로 모호하거나 비유적인 표현을 많이 쓴다. 남자 친구를 당혹하게 하는 여자 친구의 대표적 질문이 '나 살쪘어?'라고 한다. 대화 센스가 적은 남자 친구는 대화의 표면에만 대응해 '살 안 쪘어' 같은 답을 주는데 이는 의도 파악이 제대로 안 이루어진 것이다. 센스 있는 파트너라면 대화의 '의도'를 파악하고 상대가 원하는 답을 말할 것이다. '살이 쪄도 안 쪄도 너를 사랑해' 같은 답이 의도에 맞는 답이다. NLU는 의도 중심의 대화를 하기에 이런 대화의 모호함을 건너뛴다. 거꾸로 말하면 사람들이 기계에 명령할 때도 의도를 생각해 보고 말하면 에이전트를 정확히 작동시킬 수 있다.

빌더와 생태계

버추얼 어시스턴트는 스마트폰의 앱 마켓과 같은 생태계 구축을 지향했다. 자연어 이해 기술을 가진 해외 기업(아마존, 구글, 마이크로소프트 등)과 국내 기업(네이버, 카카오 등)은 자사의 서비스 생태계를 풍부하게 만들기 위해 '빌더', 즉 툴 키트를 제공했다. 사용자는 빌더가 제공하는 기능을 통해 다양한 프로토타입을 뚝딱 만들 수 있었고 완성도가 높아지면 서비스로 출시해 일반에 공개했다.

빌더 환경을 살펴보면 이를 제공하는 회사와 상관 없이 서로 닮아 있다. 이는 자연어 이해 기술의 핵심 영역이 같은 기술이고 서로 다르지 않기 때문이다. 빌더를 통해 만들어진 서비스 중 해외의 경우 스포츠 스코어나 선

수 이력 같은 서비스가 대중적이고, 한국의 경우에는 동화 듣기, 동요 듣기, 언어 학습의 제3자 서비스 등이 인기가 많다. 또한 끝말잇기, 스무고개 같은 게임이나 미세먼지 농도나 요리 레시피 등 생활 정보 서비스들도 인기가 높다. 하지만 버추얼 어시스턴트는 앱 마켓처럼 성공적이지 못하다. 말로 하는 서비스는 아직 낯설고 그만큼 대중적이지 못하다.

07
대화 기술: 대형 언어 모델

2022년 오픈에이아이가 챗지피티를 공개했다. 방대한 인간의 언어를 학습해 확률적으로 그럴싸한(plausible) 답을 만들어 낸다. 챗지피티는 그동안 익숙했던 검색을 대체하며 포스트 휴먼의 주요한 지식 보철 장치가 되고 있다. 챗지피티 같은 대형 언어 모델은 자체적으로도 훌륭한 서비스지만 플레이그라운드의 개방을 통해 다양한 전문 서비스들이 개발되는 중이다.

AI와 윤동주?

대형 언어 모델 LLM

대형 언어 모델이란 자연어 이해의 발전된 분야로, 초대규모 데이터 세트에서 언어의 패턴을 학습해 텍스트를 확률적으로 구성해 나간다. 이 모델은 매우 크고 복잡하기 때문에 엄청난 컴퓨팅 자원을 필요로 하며, 효율적인 학습과 추론을 위한 최적화가 중요하다. 대형 언어 모델은 그 학습 용량과 예측의 정확성 덕분에 자연어 이해와 생성형 작업 모두에서 뛰어난 성과를 보여 주고 있다.

대형 언어 모델은 다음의 내부 구성 요소를 갖는다. 이는 앞에서 설명한 자연어 이해를 이용한 대화 엔진과 확연히 다르다. 언어 처리를 위해 구성 요소들이 순차적으로 배치되어 있기보다는 언어 모델을 중심으로 양파처럼 여러 레이어들이 둘러싸고 있다.

학습 데이터 수집

대형 언어 모델은 수백만 개의 문서를 포함하는 대규모 텍스트 데이터 세트에서 학습된다. 이 데이터에는 소설, 뉴스 기사, 웹 페이지 등 다양한 종류의 텍스트가 포함된다.

모델 구조

대부분의 최신 언어 모델은 트랜스포머(transformer) 아키텍처를 기반으로 한다. 트랜스포머는 입력된 텍스트의 각 단어(또는 토큰) 사이의 관계를 이해하는 데 특화된 주의(attention) 메커니즘을 사용한다.

훈련 과정

모델은 입력된 텍스트에서 다음에 올 단어를 예측하는 방식으로 훈련된다. 이 과정에서 모델은 주어진 텍스트의 문맥을 이해하고, 문법적으로 정확하며 의미상으로 일관된 단어를 생성하도록 학습한다.

파인 튜닝

특정 작업이나 도메인에 대해 모델을 최적화하기 위해 추가적인 학습(파인 튜닝)을 수행한다. 예를 들어, 법률적 문서를 처리하는 모델은 법률 온톨로지를 추가로 학습한다.

출력 생성

훈련이 완료된 후, 모델은 입력된 텍스트에 기반해 텍스트를 생성하거나, 질문에 대답하거나, 텍스트의 요약을 생성하는 등 다양한 방식으로 답을 제시한다.

LLM 서비스들

대형 언어 모델의 대화 서비스를 만드는 방법은 크게 두 가지가 있다. 하나는 챗지피티에 접속해 홈페이지상에서 직접 묻고 답하는 방법이 있다. 두 번째는 챗지피티와 라이센싱 계약을 맺고 언어 모델의 한 버전을 복사 받아 자기의 서비스를 만들 수 있다. 언어 모델에 자기의 특화된 데이터가 섞이면 특화된 서비스 구현이 가능하다. 이 경우 서비스에 특화된 대화형 인터페이스를 만들어 고유의 경험을 제공할 수 있다. 마지막으로는 챗지피티 또는 유사 서비스가 공개한 빌더 환경, 플레이그라운드에서 서비스를 만든 뒤 공개할 수 있다. 이 경우 특화된 서비스를 만들기 위해선 세 가지를 설정해야 하는데, 하나는 응답 스타일이고, 두 번째는 연동된 지식(knowledge), 마지막으로는 API를 통한 외부 스크립트와의 연동이다. 챗지피티가 앱 마켓을 2023년에 오픈하고 빠른 속도로 제3자 서비스들이 만들어지고 있다. 아래는 챗지피티 플레이그라운드에서 만들어지는 대표적인 제3자 서비스들이다.

챗봇과 가상 비서

많은 기업들이 고객 서비스, 기술 지원, 온라인 쇼핑 도움말 등을 제공하기 위해 언어 모델을 활용한다. 이들 서비스는 사용자의 질문에 자연스럽게 응답하며, 상담원의 업무 부담을 줄여 준다.

번역 서비스

전문 영역과 일반 언어 간의 실시간 번역을 제공하기 위해 언어 모델을 활용한다. 다양한 언어 간의 번역도 많이 쓰이지만 어려운 학술 용어 가득한 논문을 요약하거나 의학, 법학 문서를 일반인도 읽기 쉽게 정리해 주는 서비스가 가능하다. 이러한 모델은 문맥을 더 잘 이해하고, 보다 정확한 해석을 제공하는 데 도움을 준다.

콘텐츠 생성 및 요약

논문이나 보고서, 언론사의 뉴스나 동영상을 작성하거나 요약하는 서비스들이 많다. 사용자가 여러 단계에 걸쳐 작업하는 대신 단계를 자동화해 효율을 높인다. 자신의 글을 검증하는 장치가 붙어 있기도 하다.

교육 및 학습 플랫폼

언어 모델을 활용해 학생들에게 맞춤형 교육 콘텐츠를 제공하거나, 학습 질문에 대한 대답을 제공하는 서비스도 많다. 이는 학생들이 개별적인 학습 요구를 충족할 수 있도록 돕는다.

인터랙티브 엔터테인먼트

일부 비디오 게임 또는 대화형 스토리텔링 플랫폼에서는 플레이어와의 상호 작용을 위해 언어 모델을 사용한다. 이를 통해 게임 내 캐릭터와의 대화가 보다 자연스럽고 흥미롭게 진행된다.

법률 및 행정 서비스 자동화

법률 문서 작성, 계약 검토, 법률 자문 등을 자동화하기 위해 언어 모델을 활용하는 서비스도 있다. 이를 통해 법률 전문가들은 반복적인 작업에서 벗어나 더 전략적인 업무에 집중할 수 있다.

LLM에서 챗봇 빌딩

챗지피티가 앱 마켓을 2023년에 오픈하고 빠른 속도로 제3자 서비스들이 만들어지고 있다. 다양한 서비스들을 살펴보면 LLM이 현실의 어떤 문제를 잘 풀 수 있는지 적절한 유스 케이스들을 살펴볼 수 있다. 또한 이렇게 만들어진 챗봇 서비스들은 데이터-서비스-모델로 연결되는 거대한 생태계를 형성한다. 즉, 서비스를 만들어 데이터를 확보하고 이 데이터를 훈련해 모델을 향상시킬 수 있다. 챗지피티의 홈페이지에서 'Explore GPTs' 버튼을 누르면 제3자들이 만든 다양한 서비스들과 함께 'GPT Builder' 화면이 뜬다. 여기서 '+ Create'버튼을 눌러 내가 만들고 싶은 서비스를 구성해 볼 수 있다. 빌더는 어려운 코딩이 아닌 직관적인 자연어로 만들 수 있다. 조정(configure) 탭을 이용하면 서비스의 성격을 조금 더 구성적으로 만들어 낼 수 있다. 구성에는 세 가지 요소를 조절(configure)하면 된다. 하나는 응답 스타일, 두 번째는 연동된 지식, 마지막으로는 외부 로직과의 연동이다.

지시(instruction)

구현하고자 하는 서비스에 맞게, 에이전트의 역할(role), 임무(mission), 판단 근거(criteria), 표현 방식(expression)을 정의한다. 예를 들면, 보험 손해 사정사 에이전트를 만든다면 프롬프트는 다음과 같다. 당신의 역할은 보험 사정사이다. 임무는 손해액을 산정하는 것이다. 판단 근거는 피해 규모를 살펴보고 보험 계약과 비교하는 것이다. 표현은 피보험자가 얼마를 보상을 받을 수 있는지 금액을 적고 판단 근거를 적어 내는 것이다.

지식(knowledge)
에이전트가 효과적으로 대답하기 위해서는 충분한 배경 지식이 연동되어야 한다. 서비스가 위치한 도메인의 구조적 지식과 경험적 지식 모두를 텍스트 형태나 데이터베이스 형태로 연동해야 한다. 고정된 지식 외에도 변화하는 데이터를 연동해 놓는 것도 중요하다. 시장 데이터나 환경 데이터 등 시의적 데이터를 연동하면 훨씬 맥락 있는 대답이 가능하다.

행동(action)
에이전트의 판단 결과는 대답의 형태로 제시되기도 하지만 물리적 세계에서 특정 작업이 수행되도록 할 수도 있다. 예를 들면 예약 시스템을 통해 예약을 하거나 쇼핑 사이트를 통해 상품을 주문할 수도 있다. 스마트 홈 기기를 켜고 끌 수도 있으며 공장의 기계를 움직이게 할 수도 있다.

이처럼 AI 서비스를 설계할 때는 사용자의 목적과 요구를 잘 이해하고, AI에게 적절한 지시, 지식, 그리고 행동 지침을 제공한다. 이를 통해 사용자에게 더욱 유용하고 만족스러운 서비스를 제공할 수 있다.

08
대화형 서비스 만들기

대화형 서비스를 만들기 위해서 몇 가지 고민할 지점이 있다. 첫 번째는 대화가 많이 발생할 스윗스팟을 찾아야 한다. 두 번째는 에이전트가 적절한 대화 능력을 갖추어야 한다. 세 번째는 사용자에게 적절한 온보딩을 제공해야 한다. 마지막으로는 대화를 통해 얻은 데이터를 분석해 지능화된 서비스를 제공해야 한다. 대화 서비스의 목적은 대화하는 기계 만들기가 아니라 데이터 획득을 통한 지능형 서비스 제공에 있다.

AI와 한의학?

스윗스팟 찾기

대화형 서비스의 시작은 데스크가 아닌 문제의 현장에서 시작되어야 한다. 인공지능 모델의 훈련도 현장의 데이터로 학습하듯, 대화의 문턱을 넘는 '필요가 있는 곳'에서 시작해야 한다. 앞에서 설명했듯이 대화는 여러 조건이 맞아야 발생한다. 조건이 맞지 않으면 질문하지 않거나 화면을 통해 조용히 조작하려 한다. 필요가 있는 곳에서 초기 발화를 모으는 데는 오즈 방법론(wizard of oz)이 유용하다. 오즈 방법론은 아직 만들어지지 않은 시스템을 실험하기 위해 가짜 기계를 만들고 그 너머에 연구자가 숨어 컴퓨터인 양 대답하는 방법이다. 요즘은 실험실이 아닌 카카오톡 같은 메신저로도 오즈 방법론을 수행할 수 있다. 사용자에게 상황을 제시하고 질문에 따라 사전에 준비된 답을 제공하면 사용자는 깜빡 속거나 속는 척하며 대화를 진행한다. 이 과정에서 최대한 다양한 발화를 얻을 수 있고, 부족한 시나리오를 보완할 수 있다. 제일 중요한 것은 대화가 이어지지 않는 안물안궁(안 물어보고 안 궁금한) 상황인지 대화가 이어지는 절박한 스윗스팟인지를 확인할 수 있다.

이렇게 모아진 대화의 의도들을 분석하고 그루핑해 서비스의 구체적 기능을 만들어 내는 데 쓰인다. 사람들의 기대치를 분석해 서비스의 추상성을 조정할 수도 있다. 마지막으로 질문의 빈도를 분석해 사업성도 살펴볼 수 있다.

인격 구축

흔히 '페르소나(persona)'라 하면, 제품이나 서비스의 '표준 사용자 모형(generic user model)'을 말한다. 페르소나는 특정 제품을 구매하는 주 사용자의 요구 사항을 모아 인격화(personify)해 놓은 이미지로, 기획자와 디자이너 그리고 개발자 간의 소통을 돕는다. 만드는 사람들 간에도 제품에 대해 동상이몽하기 쉬운데, 페르소나는 소비자에 대한 이미지를 통일시킨다. 이때 만들어진 페르소나는 향후에 소비자를 위한 광고에도 사용된다.

하지만 버추얼 어시스턴트의 페르소나는 이와 다르다. 사용자의 요구 사항을 모아 놓은 게 아니라 서비스를 제공하는 '에이전트의 능동적 인성'을 말한다. 에이전트에 인성을 입히는 것이 왜 필요할까? 보이스 어시스턴트나 챗봇은 대화를 통해 인성을 발현하게 되고, 인성의 특징은 사용자로 하여금 대화 예측성을 높여 준다. 그러면 대화형 서비스의 페르소나는 어떻게 만드는가?

에이전트의 페르소나를 만들기 위해, 대화 서비스의

‘역할(role)’을 먼저 생각해 볼 필요가 있다. 서비스에서 역할이 곧 성격이기 때문이다. 상담 챗봇들은 특정 분야의 내용을 꽉 잡고 있는 상담 고수, 즉 ‘전문가(expert)’와 비슷한 역할이다. 반면에 시리 같은 보이스 어시스턴트는 비서나 집사 혹은 컨시어지 같은 ‘대리자(delegate)’ 역할을 한다. 대리자는 나(주인)와 행위자 사이에 위치하며 다양한 일들을 매개한다. 대리자는 주인이 명령을 적절한 행위자에게 위임하고 결과를 정리해 주인에게 다시 알려주는 종합 서비스 제공자다. 반면, 챗치피티의 역할은 조금 다르다. 박학다식한 ‘구루(guru)’의 역할을 한다. 생각의 반려자 또는 말동무(companion)의 역할이 있다. 페르소나 규정에서 표현이나 인성보다 역할 및 역할의 세부 디테일을 먼저 규정하는 게 좋다.

에이전트의 역할이 정해지면 역할이 수행할 능력을 살펴본다. 에이전트의 능력은 대화 능력과 행위 능력으로 구성된다. 에이전트에서는 행위가 곧 인격이다. 말이 번지르르해도 할 수 있는 게 없다면 떠버리 같은 가벼운 인격, 말수는 적더라도 일처리를 잘한다면 진중한 인성의 느낌을 준다. 행위 능력 설계와 동시에 대화 능력도 디자인한다. 대화 능력도 인격의 중요한 부분이다. 따라서 할 수 있는 행위에 어울리는 대화 조정이 적절한 인격

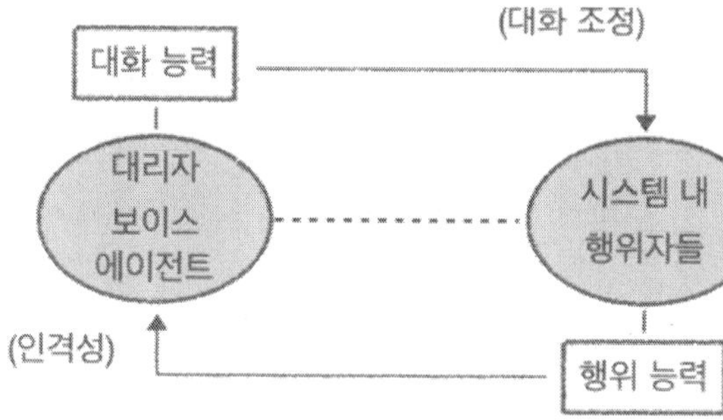

그림 8-1. 대화능력과 행위 능력으로의 에이전트. 이재현, 2023.

을 만들어 낸다. 흔히 생각하는 페르소나 디자인은 대화 표현 디자인에 국한된다. 하지만 내적 능력인 수행 능력이 기계 인격을 더 강하게 규정한다.

페르소나의 범위도 중요하다. 범용 에이전트가 아닌 전문 영역을 담당하는 서비스의 에이전트는 더 구체적인 페르소나 규정이 필요하다. 대리자가 위치하는 영역의 특징을 살펴보며 페르소나 디자인을 시작할 수 있다. 내비게이션을 돕는 음성 서비스라면 연륜 있는 택시 운전사처럼 길이나 차에 대해 잘 알 것 같은 인성, 주방 가전제품 에이전트라면 요리에 대해 쉽게 가르쳐 주는 백종원과 같은 인성이 좋다. 에이전트의 페르소나 만드는 방식은 다음과 같다.

마지막으로 스타일을 디자인한다. 페르소나의 성격에 맞는 대화 스타일과 톤을 설정한다. 여기에는 말투, 지식, 대화 방식, 어휘 선택 등이 디자인되어야 한다. 상호 작용을 길게 할지 짧게 할지. 대답을 사람처럼(맨 라이크) 할 것인지 무뚝뚝한 기계처럼(머신 라이크) 할 것인지…. 기계처럼 대답하는 것은 감정이 없지만 중립적이고 비밀을 지켜 줄 것 같은 느낌을 준다.

에이전트의 존재 방식도 중요하다. 대화형 기계가 많아지면 여러 에이전트 간의 관계도 중요해진다. 기기별로 각각의 인성을 가질 것인지, 모든 기계에 담긴 인공지능 비서나 에이전트는 하나의 정령인이 각기 다른 기계에 몸을 담는 것인지도 중요하다. 가전제품의 경우 한 집에도 여러 기기가 설치되어 있기에 분산된 몸으로 작동할 수 있다. 페르소나 존재 양식은 다음의 세 가지 중 하나일 것이다.

단일: 단일 페르소나가 전체 기기들에 공통 적용한다.
유일: 기기별로 페르소나를 달리한다.
다중: 한 기기에 여러 페르소나가 들어 있도록 한다.

사용자는 아주 강력한 관계를 갖지 않는 한 다수의 페르소나가 있는 걸 선호하지 않는다. 제너릭한 페르소나가 여러 기기에 담겨 1) 사용자와의 거리에 따라 에이전트가 반응하거나, 2) 멀리 있는 기기의 조작은 가까운 기기가 중계하거나, 3) 멀리 있는 기기를 조작할 경우엔 모달리티에 따라 확인 방식을 달리 제공하는 방식이 적당하다.

온보딩

보이스 에이전트나 챗봇과의 첫 대면은 이른바 '깜깜이'다. 마치 낯선 곳에서 낯선 이와 첫 대화를 여는 것 같다. 그가 무엇을 아는지, 내 궁금증에 답해 줄 수 있는지 알기 어렵다. 따라서 사용자가 서비스를 접하는 초기에 제공되는 온보딩 정보가 중요하다. 온보딩 디자인을 통해 서비스의 가치(value)와 능력의 범위(scope of function)를 전달하고 사용자의 초기 멘털 모델을 형성할 수 있다. 온보딩은 광고일 수도, 사용기를 담은 유튜브일 수도, 공급자가 제공하는 한 장의 작은 퀵 가이드일 수도 있다. 온보딩 자료를 통해 사용자는 기대감(expectation)을 형성하고 초기 대화의 물꼬를 틀 수 있다.

에이전트를 소개하는 온보딩 경험은 새롭지 않다. 롤

플레잉 게임(RPG)에서 NPC(non-player character)를 만났을 때 역할과 기능을 몰라 망설이게 된다. 하지만 대부분의 NPC 옆에는 친절한 안내 문구가 있다. 그리고 이 짧은 설명이 향후 대화의 틀을 만들어 낸다. 대화형에서는 온보딩이 특히 중요하다. 사용자와 서비스 간의 관계 또는 기대치를 설정한다. 온보딩은 핵심 기능을 담은 예시 대화가 담겨 있다. 예시 대화를 사용자가 한 번 따라하면 자신감이 생긴다. 이후에는 복잡한 기능으로 인해 시행착오를 겪거나 유튜브와 게시판을 찾아보게 된다.

대화 지능

대화 서비스의 전략적 최종 목표는 대화 지능을 갖추는 것이다. 모아진 발화 데이터를 분석해 의미 있는 이벤트를 발견한 뒤 사용자의 행동이나 대화를 선제할 때 사용자는 지능성을 느낀다. 이를 위해 대화 데이터 외에도 상황 데이터를 수집해야 한다. 상황 데이터는 스마트폰의 다양한 센서 데이터, 스마트 홈의 정보들, 통신 기록이나 거래 기록 등이다. 하지만 다른 이유로 모인 데이터를 재목적화(repurpose)하는 것은 쉽지 않다. 대화 지능을 위한 데이터는 별도로 모을 필요가 있다. 또한 대화와 상황 데이터를 처리하는 기술도 필요하다. 마이크로 이벤트를 분석하는 프레임워크가 필요하고, 의미 있는 이벤트가 발견될 때 이를 대화로 연결하는 기술도 필요하다. 하지만 기계가 먼저 말을 걸기는 어렵다. 오퍼튠 모멘트(opportune moment)라고 하는 먼저 말 걸기 타이밍을 찾아야 한다. 이는 사용자의 정신적 여유, 처해 있는 상황, 동반자 관계 등에 의해 정해진다. 합성 맥락을 파악하는 기술도 필요하다.

참고문헌

이재현(2023). 『인공지능과 알고리듬 사회』. 커뮤니케이션북스.

09

기계와 대화 잘하기

챗봇과 대화하는 상황은 크게 두 가지로 나뉜다. 하나는 캐주얼하게 생활의 도움을 받는 경우고, 또 하나는 챗지피티 등 고도화된 챗봇과 지적 생산 작업을 하는 경우다. 전자의 경우에는 툭 던지고 추천이나 자동화의 도움을 받으면 된다. 후자의 경우는 '프롬프팅'이라고 하는 새로운 언어 습관을 익혀야 한다. 전자는 추상성이 높은 대화이고 목적에 충실하다. 후자는 추상성은 낮지만 정교함과 동작성이 중요하다.

AI와 화장품?

오토파일럿: 추상성 높은 대화

오토파일럿은 비행기나 자동차에 달린 자동 항법 장치, 자동 운항 장치를 말한다. 오토파일럿에 목적지나 경로를 입력하면 시스템이 상황에 맞추어 자동으로 운전해 준다. 컴퓨팅의 관점에서 오토파일럿 사례는 '주식 자동 매매 시스템'이 있다. 사용자의 긴밀한 개입 없이도 일련의 조건에 맞추어 주식을 사고판다. 일상의 컴퓨팅에서는 이런 자동화가 많이 필요하다. 사용자는 중요한 일에 집중하고 생활의 업무는 주변적으로 진행되는 게 좋다. 이때 오토파일럿이 필요하며 조작은 대화형이 적절하다. 사용자는 구체적 명령보다는 풀어야 할 문제, 처한 상황, 그리고 기대 효과를 전달하는 게 효율적이다. 첫 대화는 개략적인 목표를 말하겠지만 따르는 대화는 시스템이 필요로 하는 조건들을 얻어 낸다. 만일 오토파일럿이 어려운 상황에 맞닥뜨리면 시스템은 사용자에게 추가로 질문하거나 컨트롤을 넘기면 된다. 오토파일럿은 중간 과정에서 벌어지는 자잘한 조작보다 얻고자 하는 기대 효과에 집중한다. 마치 출퇴근이 목표일 때는 최단 경로를, 드라이빙이 목표일 때는 경치 좋은 도로를 추천해 주는 것과 비슷하다.

추상성이 높은 자동화 요청을 기계에 맡기는 건 장점

과 단점이 있다. 장점은 인간이 반복적이고 지루한 작업에서 해방된다는 것이다. 인간은 여기서 남게 되는 시간과 인지적 여유를 보다 고차원적인 고민에 사용하면 된다. 특히나 대화가 추상적이기에 생각은 목표와 효과에 남아 있다. 이런 높은 수준 대화의 단점은 작동 방법으로부터 소외된다는 것이다. 항공기 조종사들이 오토파일럿을 많이 사용하면서 위기 대응 능력이 떨어진다고 한다. 그래서 일부러 일정 시간 수동 조작 비행을 의무화한다. 또한 기계에 운전이나 조작을 내맡기는 것은 인간의 선택, 즉 자유 의지에 대한 위임을 말한다. 기계에 크든 작든 결정을 맡기는 것은 인간 주체성을 내려놓는 결정이다. 하지만 인간의 자유 의지나 선택은 시대에 따라 변해 왔고 기술에 영향을 받았다. 농업 시대의 결정이 다르고 공업 생산 시대의 결정이 다르듯, 고도화된 인공지능 시대 인간의 결정 범위는 다르다.

따라서 대화형 컴퓨팅은 '추천(recommendation)'과 잘 맞는다. 어느 정도 기계에 의지하며 기계의 추천을 따르는 게 자연스럽다. 왜냐면 대화형은 시각적 일람성이 없기에 카탈로그와 같은 비교 검색이 어렵다. 따라서 제일 잘 맞는 하나를 추천해 주는 게 좋다. 심지어는 그게 추천이라는 것을 인지할 필요도 없이 자동으로 진행되면 더 나을 수 있다. 자주 구매하는 브랜드의 화장지나 치약을 적당한 주기로 자동 주문해 주는 것이 생활의 편의를 돕는다. 즐겨 듣는 음악에서 취향을 추출해 새로운 음악을 자동 추출하는 경험은 이미 익숙하다. 추천이 유효한 이유는 세상의 사물이나 정보가 무한히 증가하고 있기 때문이다. 카탈로그를 통해 물건을 선택하는 것은 제품이 몇백 개, 분류가 십여 개일 때 적당한 방법이다. 지금도 이미 온라인 쇼핑 사이트에 가면 검색을 하지 카탈로그를 뒤지지 않는다. 제품은 종류도 늘어나지만 새롭게 개선되어 스스로 변하기까지 한다. 도시의 식당들과 카페도 비 온 뒤 죽순처럼 걷잡을 수 없이 생겨나고 사라진다. 인간의 인지 능력과 카탈로그 정리 방식은 이 모든 것을 하나의 책장에 정리하고 탐색할 수 없다. 검색도 훌륭한 대안이지만 적당한 키워드를 떠올리는 것 자체가 어려운 일이다. 추천은 정보 폭증의 시대에 유일한 대안이다.

추천을 통제하는 유일한 방법은 길들이기(taming)다. 유튜브의 추천 동영상을 내 입맛에 맞추는 방법은 특정 동영상을 선택한 뒤 오래 보고 반응하는 것이다. 혹은 불편한 동영상을 빨리 스킵하거나 비추천 버튼을 누르는 것이다. 암묵적이거나 명시적인 입력은 추천 엔진에 반영된다. 이런 길들이기는 영화, 음악, 식당, 쇼핑 등 다양한 추천 영역에 확산되어 있다. 추천을 통제하는 더 나은 방법들이 연구되고 있지만 길들이기는 추천과 인간이 배경적으로 상호 작용하는 좋은 방법이다.

프롬프팅: 추상성 낮은 대화

대화형의 장점이 자연스럽게 인간의 말을 기계에 하는 것이지만, 막상 에이전트와 대화를 해 보면 인간의 말도 기계의 말도 아닌 조금 새로운 언어가 적당하다는 걸 경험하게 된다. 인공지능 챗봇에 질문 잘 만드는 것을 프롬프팅이라 한다. 프롬프팅은 스크립팅과 비슷한데, 스크립팅은 인간의 말을 조금 더 구조화하는 과정을 의미한다. 프롬프팅의 테크닉은 다음과 같다. 1) 명확하고 구조적으로 말한다. 복잡한 주제는 간결한 질문들로 쪼개어 질문한다. 2) 불필요한 장황함이나 비유적 표현은 줄인다. 문장을 수식하는 수사는 줄이지만 상황을 담은 수사는 남긴다. 3) 단어 선택(word choice)이 중요하다. 직접적이고 목적에 맞는 언어를 사용한다. 기술적 용어나 전문 용어는 적절하고 구체적인 답을 얻게 한다. 4) 질문의 목적이나 상황을 밝힌다.

점진적 대화 기법도 중요하다. 점진적 진행은 사용자

가 주도권을 잃지 않는 방법이다. 작은 질문과 작은 답, 기계의 반응을 살펴보며 질문을 조정하는 것이다. 기계에게 조금 더 상세한 정보를 요청하거나 사례를 제시하게 할 수 있다. 또한 생각의 확장을 유도하거나 좁히는 것도 좋은 진행이다. 이런 점진적 진행은 프로토타이핑 기법과 비슷하다. 프로토타이핑이란 완제품을 만들기 전에 작은 시제품을 여러 번 만들어 성능과 가능성을 테스팅하는 방법이다. 프로토타이핑에서 중요한 것은, 작은 실행을 여러 번 하는 것이다. 그리고 각 단계에서 도출된 결과를 면밀히 살펴본 뒤 개선점을 발견하고 우선순위를 결정하는 것이다. 이런 점진적 진행은 블랙박스와 같은 인공지능을 다룰 때 주도권을 놓치지 않게 해 준다.

인공지능 챗봇과의 작업은 '결과는 1분에 나오지만 검토는 10분 하게 된다'고 한다. 그만큼 결과에 대한 평가(evaluation)가 중요하다. 결과에 거짓이 섞여 있는지, 로직이 맞는지를 살펴보아야 한다. 하지만 이는 쉽지 않다. 결과는 그럴싸한(plausible) 문장 형태고 하자를 발견하기 어렵다. 정보 평가를 하는 것은 검색 시대에도 큰 이슈였다. 모든 웹 페이지는 그럴싸한 꾸밈과 모양을 가지고 있어 형식으로 판단하기 어렵다. 내용 분석을 해 보아야만 글의 신뢰성을 판단할 수 있다. 그나마 검색에서는 정보원이라든지 인용된 링크 등 평가를 보조하는 지표들이 있었지만 인공지능 챗봇의 결과는 근거가 제시되지 않는다. 따라서 과정을 기준으로 평가할 수밖에 없다. 작게 던지고 확실한 진전을 디딤돌 삼아 다음 정보를 평가할 수밖에 없다.

10
대화형의 시대

대화하는 기계들이 많아질 것이다. 기계 대화는 지능이 높아지고 대화 기술도 발달하면 사람의 사고는 훨씬 깊어지고 정교해질 것이다. 인간 대화의 절반이 기계와 하는 대화가 될지 모른다. 반면, 거짓말하는 기계, 실수하는 기계, 우리를 멍청하게 만드는 기계도 늘어날 것이다. 중요한 건 대화가 주요한 정보 소통 모드(modality of communication)가 될 것이고 대화 리터러시를 갖는 게 어느 때보다 중요해질 것이다.

종교와 AI?

대화, 조잡한 땜질 생각

제이 데이비드 볼터(Jay David Bolter)는 그의 저서 『글쓰기의 공간: 컴퓨터와 하이퍼텍스트 그리고 인쇄의 재매개』에서 디지털 기술, 특히 하이퍼텍스트와 컴퓨터 글쓰기가 문서의 본질을 크게 변화시켰다고 이야기한다. 컴퓨터와 하이퍼텍스트는 단순히 새로운 글쓰기 도구가 아니라 글쓰기 행위 자체를 변화시켰고, 결과적으로 텍스트의 구조, 글에 대한 접근 방식, 글의 이해를 총체적으로 변화시켰다고 주장한다. 또한 볼터는 글쓰기 분석에 공간 메타포를 도입하였는데, 글쓰기는 녹자가 생각을 탐험할 수 있는 공간을 창조한다고 했다. 따라서 디지털 글쓰기는 원고지 글쓰기에 비해 다른 공간을 형성한다. 훨씬 역동적이고 탐색 가능하며 글을 쓰고 읽는 것을 비유적으로 확장시킨다. 이런 관점에서 대화형 컴퓨팅은 우리 생각의 방식을 크게 바꿀 것이다.

글쓰기의 공간처럼 '생각의 공간'이란 것을 상정해 보자. 지금 우리 생각의 공간은 검색이란 토대 위에 형성된다. 시작은 생각의 씨앗이 되는 연약한 궁금증을 검색창에 넣음으로 시작된다. 검색 결과는 근거를 확인시키고 연상(association)을 확장한다. 이 과정에서 생각의 벽돌은 단단해지고 연결성이 생긴다. 사용자는 이 벽돌을 하나씩 쌓아 올려 생각의 건물을 만들어 간다. 반면, 챗봇은 이와 달리 사용자의 첫 질문에 거의 집 한 채 수준의 답을 제시한다. 결과를 조정하기 위해 사용자가 질문을 변화시키겠지만 답의 형식이 완성형이란 점은 그대로다. 빠른 완성은 빠른 프로토타이핑이란 장점도 있지만 사용자는 생각의 주도권을 잃는 느낌이다. 이전의 생각 방식이 구성적(constructive)이고 선형적(linear)이었다면, 챗봇이 보조하는 생각의 공간은 완성형(complete)이고 조립 방법을 알 수 없는 몰구성적(a-constructive)이다. 이런 완성형 결과를 조정하는 방식은 건축보다 리모델링에 가깝다. 시간의 흐름에 따라 조금씩 구축되는 게 아니라 결과를 놓고 허점을 찾아 헐고 고치는 것이다. 이 과정에서 시간의 역행, 생각의 짧은 역행이 반복적으로 벌어진다. 수많은 시간 역전은 시간성도 혼란스럽게 하고 손에 남은 최종 질문인 프롬프트, 결과물 역시 조잡한 땜질(patchwork)이다.

마인드 트랜스퍼

나를 닮은 대화형 에이전트를 만들 수 없을까? 현재의 기술로는 어려운 일이 아니다. 나와 흡사한 에이전트를 만드는 일은 거의 코앞에 다가와 있다. 스마트폰과 클라우드에 내 일상의 정보가 모두 담겨 있고 SNS에는 주변과의 소통 정보가 있으며, 사물 인터넷과 웨어러블에는 내 활동 정보가 담겨 있다. 이 데이터를 대화형 엔진에 접목하면 나와 흡사한 도플갱어 만드는 일은 쉽게 가능하다. 이렇게 나를 통째로 가상 공간에 옮겨 놓는 작업을 정신 전송(mind transfer)이라 한다. 정신 전송은 트랜스휴머니즘이나 사이언스 픽션에 곧잘 등장한다. 죽어 가는 몸을 버리고 정신만 클라우드에 옮겨 놓는 것이다. 비슷한 용어로 정신 업로딩(mind uploading)으로도 부른다. 마빈 리 민스키(Marvin Lee Minsky)는 지능을 기계적 작용이라고 생각하고, 한스 모라베크(Hans Moravec)나 레이 커즈와일(Ray Kurzweil)은 로봇과 인간의 사회적 융합을 꿈꾼다. 학자들은 정신 전송의 기술적 가능성이 크게 높아졌다고 생각한다. 정신을 컴퓨터에 접목하는 일은 일종의 인공지능의 특수한 형태가 된다. 이것을 인포모프(informorph)라 부르기도 하는데 정신 전송은 기술의 문제가 아니라 철학적 질문이기도 하다. 개인이란 무엇인가? 영혼은 존재하는가? 몸은 무엇인가?

트랜스휴머니즘(transhumanism)은 과학과 기술을 이용해 사람의 정신적 · 육체적 성질과 능력을 개선하려는 지적 · 문화적 운동에서 시작되었다. 장애, 고통, 질병,

노화, 죽음과 같은 인간의 허약한 조건들을 바람직하지 않다고 보는 것이다. 트랜스휴머니스트들은 생명과학과 인공지능 기술이 인간 영생(immortality)의 문제를 해결해 줄 것이라 기대한다. 영생은 단지 오래 사는 것을 넘어 모든 곳에 존재하고 어디에나 깃드는 것을 말한다. 트랜스휴머니즘 운동은 인간성 위협의 가능성도 크다. 트랜스휴머니즘은 1957년부터 등장한 단어이지만 1980년대 미국의 미래학자들에 의해 발전되고 지금, 가능성의 문턱에 서 있다. 트랜스휴머니즘 사상가들은 인류가 더 확장된 능력을 갖춘 존재로 변형될 때 또 한 번의 발전이 있을 것으로 생각한다. 과연 우리는 이런 변화에 준비가 되었는가.

상황에 맞는 컴퓨팅의 선택

하지만 그리 걱정할 일은 아닌 듯하다. 늘 그렇듯 새로운 도구의 등장은 인간의 능력에 잠시 혼란을 준다. 인간의 기능이 일부 퇴화하겠지만 도구와 결합된 인간은 더 나은 활동을 하며 '재기능화(refunctionalize)'할 것이다. 전기 없는 도시를 생각할 수 없고 자동차 없는 이동을 상상할 필요가 없듯 인간은 기술과 공존하며 사는 데 익숙하다. 자동차의 등장은 인간의 다리 근육을 약하게 만들었지만 인간은 자동차로 인해 훨씬 큰 공간을 점유하고 여행이나 드라이빙 같은 새로운 여가를 발견할 수 있게 됐다. 그리고 걷기가 사라진 것도 아니다. 필요에 따라 산책과 트래킹을 하고 심지어는 러닝머신 위에서 뛴다. 우리는 필요에 따라 다양한 걷기나 이동하기를 선택한다. 목적에 맞는 최적의 방법을 정교하게 선택한다.

대화형 컴퓨팅의 등장이 이전의 컴퓨팅을 완전히 몰아내지 않을 것이다. 정교한 작업에는 피시의 GUI를 활용할 것이고, 손바닥에 착 붙은 스마트폰도 쉽게 사라지지 않을 것이다. 스마트폰은 너무나 발달되었고 문화적으로 익숙해졌기에 당분간 인간의 정보 능력을 보철하는 프록시 디바이스로 큰 역할을 할 것이다. 그리고 음성 대화는 공간을 지능화하고 생각의 카운터파트로서 새로운 역할을 찾을 것이다. 사람은 필요에 따라 어느 도구를 사용할지 결정하는 섬세한 감각을 발달시킬 것이고 당분간 여러 모드가 공존할 것이다. 다소 혼란스럽지만 제자리를 찾는 일은 그리 오래 걸리지 않을 것이다.

이중식

사용자경험(User Experience) 연구를 한다. 서울대학교 융합과학기술대학원 교수이며, 현재 서울대학교 문화예술원 원장이다. 연세대학교와 미국 예일대학교에서 건축을 전공했고 예일대학교에서 가르쳤다. 2000년에 귀국하여 삼성오픈타이드에서 인터넷 컨설팅을 담당했다. 서울대 사용자경험 연구실을 운영 중이며 연구 주제로는 로그 기반의 사용자 모델링, 보이스 인터랙션, 그리고 1인 가구가 있다. 2022년에 서울대학교 교육상을 수상하였다. 저서로는 『창조성의 원천』, 『1인가구와 기술』이 있다.